Victoria Arlen

Aufgetaucht

Über die Autorin

Durch zwei gleichzeitig auftretende, seltene Autoimmunerkrankungen erlitt *Victoria Arlen* als junges Mädchen das sogenannte „Locked in"-Syndrom. Vier Jahre lang war sie unfähig, sich zu bewegen oder mit der Außenwelt zu kommunizieren. Nach einem beispiellosen Kampf zurück ins Leben ist sie heute Fernsehmoderatorin, Model, Schauspielerin und Gewinnerin einer olympischen Goldmedaille im Schwimmen. Außerdem reist sie als Vortragsrednerin mit ihrer Herzensbotschaft um die Welt: „Face it. Embrace it. Defy it. Conquer it." (Stelle dich deiner Angst, nimm sie an, biete ihr die Stirn und überwinde sie.)

Victoria Arlen

AUFGETAUCHT

LOCKED IN –
Eine junge Frau kämpft sich
zurück ins Leben

Aus dem Englischen von Silvia Lutz

GerthMedien

Für meine Mama.

Du bist wirklich der Wind unter meinen Flügeln.
Trotz unüberwindlicher Hindernisse und Rückschläge waren deine
Unterstützung, deine Liebe und dein Glaube an mich und an Gottes
Möglichkeiten immer unerschütterlich.

Du bist meine Heldin.
Das warst du immer und das wirst du immer sein.
Wir haben eine unglaubliche Reise hinter uns und stehen dennoch
erst am Anfang. Ich liebe dich mehr, als du ahnst.
Danke, dass du mich nie aufgegeben hast.

Inhalt

Vater, vergib ihnen, denn sie wissen nicht, was sie tun!

Lukas 23,34

Vorwort von Valentin Chmerkovskiy (Profitänzer)

„Sie haben in dieser Staffel eine ganz besondere Tanzpartnerin", erklärten mir die Produktionsleiter der Unterhaltungsshow *Dancing with the Stars*. „Es wird dieses Mal ein wenig anders sein als sonst. Aber es wird sehr spannend werden." Ich war unterwegs zu dem kleinen Saal eines Tanzstudios in Beverly Hills. Dort wartete meine prominente Tanzpartnerin für die Reality-Tanzshow, in der ich als professioneller Tänzer mitwirke. Ich hatte keine Ahnung, was diese Ankündigung bedeuten sollte. Ich liebe die Menschen, mit denen ich zusammenarbeite. Trotzdem weiß ich, dass ich vorsichtig sein muss, wenn in Hollywood etwas als „sehr spannend" angekündigt wird. Nervös nickte ich den Produktionsleitern zu. „Cool!" Aber mir gingen zig Fragen durch den Kopf. „Was meinen sie mit *anders*? Inwiefern anders? Was ist an dieser Tanzpartnerin anders als an den Frauen, die ich während der letzten zwölf Staffeln dieser Show kennengelernt und trainiert habe?"

Ich ging durch die Tür und betrat das Parkett des bescheidenen kleinen, alten Tanzstudios. In der Mitte des Saals stand eine schöne, junge Frau. Sie war unübersehbar vor Vorfreude ganz aufgeregt und strahlte vor Begeisterung.

„Hi, ich bin Val", sagte ich und wollte so harmlos wie möglich einsteigen.

„Ich bin Victoria", antwortete sie.

„Erzähle mir ein bisschen von dir", schlug ich vor. „Wir werden in den nächsten Monaten einiges an Zeit miteinander verbringen."

Das war milde ausgedrückt. Bis zum Beginn der Tanzshow trainieren die Promis und ihre professionellen Tanzpartner drei Monate lang fast täglich miteinander. Dann erst beginnt die Show. Mein Trainingsstil kann ziemlich anstrengend sein und ich habe einen sehr intensiven Probenplan. Das ist für die Promis, die mir zugeteilt werden, bestimmt kein Zuckerschlecken.

„Hm, ich habe bei den Paralympics eine Goldmedaille gewonnen", antwortete sie mit einer Mischung aus Stolz und Bescheidenheit, die mich faszinierte.

„*Para*lympics?!", dachte ich bei mir und war ehrlich verblüfft. Wo war das *para*? Vor mir stand eine vollkommen gesunde, sportliche, vor Leben sprühende junge Frau, die sich in nichts von anderen 23-Jährigen unterschied, mit denen ich bisher getanzt hatte. Etwas, das ich so noch nicht gesehen hatte, waren Victorias große, extrem ausdrucksstarke, tiefbraune Augen – sie waren wirklich etwas Besonderes.

„Ich will ja nicht neugierig sein", sagte ich, „aber warum *para*?"

Das Gespräch, das sich daraus ergab, und die Erfahrungen, die ich mit Victoria Arlen in den kommenden Monaten machte, sollten mein Leben für immer verändern. Ich begriff sehr bald, was an ihr so außergewöhnlich ist. Es ist nicht nur ihre Fähigkeit, es mit jeder Herausforderung, die ihr vor die Füße geworfen wird, aufzunehmen. Herausforderungen wie die jahrelange Lähmung, die einsetzte, als sie elf Jahre alt war, und so weit ging, dass sie nicht mehr sprechen und hören konnte und schließlich ganz das Bewusstsein verlor. Was Victoria so besonders macht, ist, wie sie mit diesen Herausforderungen umgeht. Jemand, der nicht so hartnäckig und entschlossen ist wie sie, hätte wahrscheinlich längst kapituliert. Aber sie hat nie aufgegeben. Und ihre bewundernswerten Eltern auch nicht.

Obwohl Victoria in ihren Beinen zu diesem Zeitpunkt immer noch so gut wie kein Gefühl hatte, stellte sie sich einer ganz neuen Herausforderung: Sie wollte mit mir Tango tanzen. In den Monaten, in denen wir gemeinsam probten und tanzten, lernte ich die Quelle kennen, aus der diese junge Frau ihre Kraft schöpft: ihre unstillbare Lebensfreude. Sie liebt das Leben so sehr, dass sie daraus unbeschreiblich viel Kraft schöpft. Sie weigert sich einfach, sich geschlagen zu geben – egal, welche Hindernisse ihr in den Weg gelegt werden. Victorias bewundernswerte Lebenseinstellung hat mich die wichtigste Lektion gelehrt, die es gibt: „Betrachte keinen einzigen Atemzug als selbstverständlich."

In diesem Buch werden Sie ein Mädchen aus einer ganz gewöhnlichen Familie kennenlernen, das den extremsten Umständen ausgesetzt war, die man sich vorstellen kann. Statt aufzugeben, beschlossen Victoria, ihre Mutter und ihr Vater, ganz wortwörtlich um ihr Leben zu kämpfen. Sie ist nicht nur wegen ihrer Medaillen bei den Paralympischen Spielen eine Heldin. Sie ist eine Heldin, weil sie gegen etwas gekämpft hat, das uns als Menschen auf der ganzen Welt vereint: unsere Vergänglichkeit und unsere Sterblichkeit. Ein größeres Vorbild für den menschlichen Geist und eine bessere Demonstration, wie wichtig Familie und Glauben sind, kann ich mir nicht vorstellen. Victorias Geschichte wird Sie mit ihrer Zielstrebigkeit inspirieren und eine Leidenschaft und Wertschätzung für das Leben entfachen, die Sie vielleicht nie für möglich gehalten hätten.

Ich bin unbeschreiblich dankbar, dass ich bei *Dancing with the Stars* Victorias Tanzpartner sein durfte. Ich bin ihrer Familie dankbar, dass ich ihre Tochter kennenlernen durfte, und ich bin von ganzem Herzen dankbar, dass wir zusammengeführt wurden. Ich durfte ein kleiner Teil von Victorias unglaublicher Geschichte sein, die definitiv ihre Spuren in der Welt hinterlassen wird. Wenn Sie ihre Geschichte lesen, werden Sie diese Frau bestimmt genauso achten, bewundern und lieben wie ich und dankbar sein, dass Sie sie kennenlernen durften.

Valentin Chmerkovskiy

1

Wie bin ich hierhergekommen?

Januar 2009

Ich höre in der Dunkelheit eine Bewegung. Ich ringe nach Luft, aber ich habe das Gefühl zu ertrinken. Ein starker Druck wird auf meinen Brustkorb ausgeübt und zwingt meine Lunge, sich gegen ihren Willen zusammenzuziehen.

Luft!

Ich brauche Luft!

Ich muss atmen!

Bitte, kann mir jemand helfen?!

Maschinen piepen hektisch. Panische Stimmen ertönen um mich herum. Plötzlich blendet mich ein helles Licht. Ich versuche, das, was mir die Kehle zuschnürt, zu packen. Aber ich stelle fest, dass meine Arme festgebunden sind und sich nicht bewegen können. Mehrere Hände pressen meinen Körper nach unten, der sich unter dem Druck total verkrampft, und mein Bett wird im nächsten Moment mit besorgniserregender Geschwindigkeit durch einen Gang mit weißen Wänden geschoben.

„Alles ist gut, Victoria", höre ich immer und immer wieder. Ich bin verwirrt. Ich kann nur eines denken: *ATMEN!* Dann versinke ich wieder in der schwarzen Dunkelheit.

*

Meine Augen sehen ein gleißendes, helles Licht, und ich höre einen lauten, ohrenbetäubenden Lärm. Ich beginne, unkontrolliert zu zittern, und ein schmerzhafter Stromstoß schießt durch meinen Körper, der sich daraufhin verkrampft und unkontrolliert um sich schlägt. Ich sehe Fremde, die laut rufend ins Zimmer laufen. Ihre Stimmen klingen angsterfüllt; ihre Hände drücken mich nach unten.

Als sich der Krampfanfall legt, versuche ich, wieder klar zu denken.

Wo bin ich?

Leuchtend bunte Luftballons sind an mein Bett gebunden, und mehrere Stofftiere sind im Raum verteilt. Ich kann alles nur verschwommen sehen, aber als sich meine Augen scharf stellen, sehe ich fröhliche Karten und Poster an der Wand. Darauf steht: „Wir lieben dich. Werde wieder gesund. Wir vermissen dich. Bleib stark!"

Warum schreibt mir jemand, dass er mich vermisst?

Wo bin ich?

Bin ich krank?

Was bedeutet: „Bleib stark!"?

Was ist mit mir?

Ich fühle mich gut.

Ich verstehe das nicht.

Wo bin ich?

Was ist los?

Bin ich etwa im Krankenhaus?

Warum?

War ich bewusstlos und wenn ja, wie lange?

Ich höre meine Mutter im Hintergrund. Sie kann mir bestimmt sagen, was los ist. „Mama, Mama!", rufe ich, aber sie reagiert nicht.

HALLO!

Warum kann sie mich nicht hören?!

Kann mich irgendjemand hören?

Ich merke schnell, dass ich keine Kontrolle über meinen Körper habe, nicht einmal über meine Augen. Im Moment kann ich nur das sehen, was direkt vor meinen Augen ist. Als ich versuche, mich aufzusetzen, ist es, als wäre die Verbindung zu meinem Körper unterbrochen. Ich kann mich nicht bewegen und keinen Ton von mir geben.

Ich bin buchstäblich in meinem eigenen Körper eingeschlossen.

Das kann doch nicht wahr sein.

Das kann doch nicht wahr sein!

Hilfe!

Bitte, kann mir jemand helfen?!

Mein Herz rast und in meinem Kopf dreht sich alles. Ich versuche zu verstehen, was mit mir los ist. Ich habe so viele Fragen.

Welches Jahr ist es?

2006, glaube ich. Aber ich bin mir nicht sicher.

Wie lang liege ich schon hier?

Ich hoffe, noch nicht sehr lange.

Was ist passiert?

Ich kann mich nur verschwommen erinnern.

Werde ich wieder gesund?

Ich bin mir nicht sicher.

Mich befällt Panik. Ich will um Hilfe schreien. Ich versuche, mich zu beruhigen, aber das macht alles nur noch schlimmer. Ich fühle mich verloren und bin verwirrt. Warum sagt mir nicht bitte einfach jemand, was hier los ist?

Ich habe Angst.

Ich habe wirklich, wirklich Angst.

Ich kann keinen einzigen Muskel bewegen. So sehr ich mich auch bemühe, um Hilfe zu schreien, ich bringe keinen Ton heraus. Ich will atmen und schreien und sprechen. Ich habe so viele Fragen, und ich kann mich nicht erinnern, wie ich hierhergekommen bin.

Ich muss hier weg!

Hilfe!

Kann mir bitte jemand helfen?!

Ich bekomme Platzangst, und meine Panik steigert sich. Ich muss etwas finden, irgendetwas, um nicht den Verstand zu verlieren und die Panik zu besiegen.

Denk nach, Victoria.

Moment!

Du kannst denken.

Klar und deutlich.

Mein Körper weigert sich zu funktionieren, aber mein Verstand funktioniert irgendwie ganz normal. Vollkommen normal.

Wie kann das sein?

Mein Verstand.

Mein Gedächtnis.

Mein Wissen. Alles ist da.

Du bist noch da, Victoria.

Du bist immer noch du.

Mein Verstand funktioniert; das ist die einzige Beruhigung, die ich im Moment habe. Mein Hirn ist das Einzige, was ich kontrollieren kann. Dann dämmert mir, dass meine Fähigkeit zu denken die wichtigste Funktion überhaupt ist. Die Vorstellung, im buchstäblichen Sinn den Verstand zu verlieren, ist absolut beängstigend. Gott sei Dank kann ich denken und begreifen.

Ich muss überprüfen, ob ich noch klar denken kann.

Okay.

Ich heiße Victoria Arlen.

Ich bin die Tochter von Larry und Jacqueline Arlen.

Meine Brüder sind LJ, William und Cameron.

Meine Hobbys sind Schwimmen, Tanzen und Hockey.

Ich liebe meine flauschige Hündin, Jasmine.

Meine Lieblingsfarbe ist Pink.

Okay, machen wir es ein wenig schwerer:

Wie viel ist zwei plus zwei?

Vier.

Vier mal vier?

Sechzehn.

Du bist gut, Victoria.

Dein Verstand ist in Ordnung.

Danke, Gott.

Mein Verstand und mein Gedächtnis funktionieren. Offensichtlich kann ich klar denken. Ich bin immer noch da. Das rufe ich mir immer wieder ins Bewusstsein.

Aber wie bin ich hierhergekommen?

Mir fällt nichts ein. Ich erinnere mich an brutale Kopfschmerzen, und ich erinnere mich, dass ich in einen Krankenwagen geschoben werde. Danach wird alles schwarz. Ich lebe und kann denken. Aber ich kann mich nicht erinnern, wie ich hier gelandet bin, und auch nicht, warum ich mich nicht bewegen und nicht sprechen kann.

Ich bemühe mich ganz angestrengt, mich zu erinnern.

Denk nach, Victoria. Erinnere dich!

Als ich versuche, an die Zeit *vor* den Kopfschmerzen und den Krampfanfällen zu denken, kann ich mich nur daran erinnern, dass ich gesund bin. Ich war immer gesund. Wahrscheinlich war ich die gesündeste in der ganzen Familie, obwohl wir insgesamt eine relativ gesunde Familie sind. Ich hatte immer sehr viel Energie und war den ganzen Tag in Bewegung, bis mich meine Mutter abends ins Bett schickte. Ich war unglaublich abenteuerlustig und hatte eine blühende Fantasie. Besonders gern war ich mit meinen Brüdern unterwegs und habe jede Sportart betrieben, die mir meine Eltern erlaubten. Die Tage hatten nie genug Stunden, um alles zu machen, was ich mir vorgenommen hatte. Ich wollte schon damals die Welt verändern und etwas bewirken.

Wie konnte ich das alles verlieren?

Wie konnte es dazu kommen, dass das Mädchen, das früher alles tun konnte, nun nicht einmal mehr in der Lage ist, mit dem Finger zu wackeln?

Ich zwinge mich, weiter nachzudenken. Da ich keinen Muskel in meinem Körper betätigen kann, kann ich wenigstens das eine benutzen, was noch funktioniert: meinen Verstand. Ich erinnere mich an den Sommer vor der fünften Klasse. Damals war ich zehn. Meine Mutter ging mit mir zum Arzt, weil ich anscheinend einen Mückenstich im linken Ohr hatte. Der Arzt sah kein Problem, aber dann entzündete sich mein Ohr und ich schleppte diese Entzündung durch den ganzen Sommer. Die Ärzte meinten, es käme vom Schwimmen. Aber das war unlogisch. Ich bin vorher jahrelang geschwommen, ohne je irgendwelche Probleme mit den Ohren gehabt zu haben.

Ich erinnere mich, dass ich im Herbst Asthma bekam. Dann folgten mehrere Lungenentzündungen. Dazwischen hatte ich mehrmals Grippe oder grippale Infekte, wie der Arzt es nannte. Diese Erkrankungen waren oft von Ohnmachtsanfällen begleitet. Ich hatte eine oder zwei gute Wochen, aber dann wurde ich wieder krank.

Ich kam in der Schule und im Sportunterricht immer noch gut zurecht, aber irgendwie war es, wie meine Mutter es formulierte, „als hätten sich die Sterne verschoben". Trotzdem machte sich niemand allzu große Sorgen, weil ich jedes Mal wieder gesund wurde und meinen normalen Alltag meisterte.

Aber ungefähr ein Jahr später, ganz genau ab dem 29. April 2006, kam ich nicht mehr auf die Beine.

2

Das ist alles Kopfsache

April bis Juli 2006

Au!

Es fühlt sich an, als würde ein Messer in meine rechte Seite gebohrt. Ich versuche, mich aufzusetzen, aber das löst brutale Schmerzen aus, wie ich sie noch nie zuvor erlebt habe. Ich schiebe mich langsam von meinem Bett hoch und schleppe mich die Treppe hinab. „Mama, irgendetwas stimmt nicht mit mir."

Meine Mutter vermutet, dass es wieder ein grippaler Infekt ist, bringt mich zum Sofa und deckt mich zu. Es ist ein Sonntag. Am Tag zuvor sind wir von einem unvergesslichen Ausflug nach Disneyland zurückgekehrt. Ich freue mich darauf, wieder zur Schule zu gehen und meine Freunde zu treffen. Ich bin in der fünften Klasse und das Schuljahr ist fast zu Ende. Der erste Schultag nach den Ferien ist immer lustig.

Aber statt am nächsten Tag zur Schule zu gehen, lande ich in der Notaufnahme, werde gepiekt, am ganzen Körper untersucht und mit Fragen gelöchert. Die Nadeln machen mir Angst, und von dem „Saft" (Kontrastmittel), den ich für das CT trinken muss, wird mir schlecht. In meiner Familie gab es schon häufiger Blinddarmentzündungen, und da die Schmerzen auf meiner rechten Seite sind, ist das die naheliegende Diagnose. Nach einer Nacht im Krankenhaus, in der meine Schmerzen nicht gelindert werden können, entscheiden die Ärzte, meinen Blinddarm zu entfernen. Meine Eltern und ich hoffen, dass dies die Lösung ist und wir am nächsten Tag einfach heimfahren und ganz normal weiterleben können.

Aber die Schmerzen lassen nicht nach – auch nicht, als die Operationsnarben verheilt sind. Ich lande wieder in der Notaufnahme, dieses Mal in einer sehr renommierten Kinderklinik – angeblich „die beste Kinderklinik der Welt" – eine Stunde von uns entfernt. Auch hier wird ein CT gemacht und mein Blut wird untersucht, aber die Ärzte finden nichts und tippen auf nachoperative Schmerzen. Sie schicken uns bedenkenlos nach Hause.

Es tut immer noch weh.

Zwei Wochen vergehen, und die Schmerzen in meiner Seite werden immer schlimmer. Ich habe jetzt grippeähnliche Symptome und nehme in kurzer Zeit sehr stark ab. Ich kann essen, so viel ich will, ich verliere trotzdem Gewicht. Schlank war ich schon immer, aber jetzt bin ich viel zu dürr. Die Schmerzen sind mittlerweile so stark, dass ich kaum mehr etwas tun kann. Ich kann nicht schlafen und habe nicht einmal die Energie, vom Sofa aufzustehen. Das ist das absolute Gegenteil von der gesunden Victoria. Ich lag bisher NIE auf dem Sofa. Nun kann ich nicht mehr zur Schule gehen, Sport treiben oder mich mit meinen Freunden treffen. Ich bin eine Gefangene dieser Schmerzen, die langsam, aber sicher mein ganzes Leben beherrschen.

Die einzige „Hilfe", die von den Ärzten kommt, ist die Empfehlung, andere Ärzte aufzusuchen, die mir starke Schmerzmittel verschreiben und mich dann auch wieder nach Hause schicken. Die Medikamente helfen nicht und die Nebenwirkungen machen alles nur noch schlimmer.

Mit den Schmerzen geht eine erschreckende Kraftlosigkeit einher. Vom Bett aufzustehen und die Treppe hinabzusteigen, wird immer anstrengender. Ich kann mich an die Tage erinnern, als ich die Treppe leichtfüßig hinab- und hinaufgesprungen bin; jetzt fühlt sich jeder Schritt an, als würde ich einen steilen Berg erklimmen. Der Kampf, mich auf den Beinen zu halten, kostet mich alle Kraft.

Nein. Nein. Nein.

Als ich denke, die Schmerzen in meiner Seite könnten nicht mehr schlimmer werden, fangen sie an, sich auszubreiten. Es beginnt in meinen Zehen und zieht langsam an meinem Bein nach oben. Mein rechter Fuß ist seit zwei Tagen wie betäubt. Ich versuche, normal zu gehen, aber ich ziehe ihn wie einen schweren Anker hinter mir her. Meine Mutter bringt mich zu unserem Hausarzt, der mich seit meiner Geburt kennt. Sie erklärt ihm, dass ich immer noch starke Schmerzen habe, auch nachdem mein Blinddarm entfernt wurde, dass ich viel Gewicht verloren habe und dass ich jetzt nicht mehr richtig gehen kann. Der Arzt nickt nur und sagt: „Ich kann mir das nicht erklären. Aber bedenken Sie: Victoria ist ein Drilling. Vielleicht will sie einfach mehr Aufmerksamkeit bekommen." Statt mich zu einem Neurologen zu überweisen, besteht er darauf, dass ich zu einem Psychiater gehen soll, damit „der Schalter in meinem Kopf wieder umgelegt wird". Was kann die Tatsache, dass ich ein Drilling bin, mit meinen Schmerzen zu tun haben? Aufmerksamkeit ist das Letzte, was ich will. Auf Hilfe angewiesen zu sein, frustriert mich grenzenlos. Außerdem: Welche Elfjährige kann das alles erfinden?

Jeder hat schon einmal den Spruch gehört: „Das ist alles Kopfsache." Meistens ist das einfach eine flapsige Art zu sagen: „Lass dich nicht so gehen" oder „Reiß dich zusammen". Ich habe nie gedacht, dass dieser Spruch ernst gemeint sein könnte. Aber die Ärzte, zu denen ich komme, gebrauchen mir gegenüber solche Formulierungen und verwenden Worte wie *psychosomatisch*. Damit wollen sie ausdrücken: „Du machst das nur, um Aufmerksamkeit zu bekommen!" oder sie wählen das Wort als Umschreibung für: „Wir haben keine Ahnung, was mit dir los ist!". Aber letztendlich läuft alles auf das Gleiche hinaus: Sie glauben mir einfach nicht.

Immer öfter höre ich Sätze wie: „Die Schmerzen, die du hast, sind in Wirklichkeit gar nicht da, Victoria. Ja, der Reflex in deinem rechten Bein funktioniert nicht mehr und du hast Probleme beim Gehen, aber mach dir keine Sorgen. Das ist alles nur Kopfsache. Lege einfach den Schalter um, dann geht es dir wieder gut" oder „Du fühlst dich nicht gut? Du bist ein Drilling. Du willst nur mehr Aufmerksamkeit bekommen. Medizinisch ist alles in Ordnung. Dir geht es gut."

Mir geht es NICHT gut.

Kann mir jemand helfen?

Oder mir sagen, was los ist?

Bitte?

Bitte!

Etwas stimmt ganz und gar nicht mit mir. Das weiß ich, aber das scheint keinen Arzt zu interessieren. Mit mir geht es rasant bergab.

Bitte.

Bitte glaubt mir!

Bitte helft mir!

Ich werde von einem Arzt zum anderen geschickt, aber keiner hilft mir. Seit meinem Besuch in einer bekannten Kinderklinik in Massachusetts hat man mir anscheinend den Stempel „psychisch krank" verpasst, und kein Arzt nimmt mich mehr ernst.

Aber ich habe Schmerzen.

So starke Schmerzen.

Warum hört mir keiner zu?

Etwas stimmt hier nicht!

Ich bin nicht verrückt.

Bitte.

Ich bin nicht verrückt.

Meine Familie und ich wissen es damals nicht, aber die lange Reihe von Fehldiagnosen beginnt gerade erst.

*

Jetzt ist Juni. Der Sommer rückt mit Riesenschritten näher, und ich will nichts anderes, als mit meinen Freunden spielen und das Schuljahr abschließen. Ich bete jeden Abend, dass ich wieder gesund werde und zu Kräften komme. Inzwischen kann ich die Schmerzen einigermaßen aushalten – ich habe mich an sie gewöhnt –, aber die Schwäche in meinen Beinen ist beängstigend. Ohne meine Beine verliere ich schnell meine Selbstständigkeit. Ich verpasse schon jetzt so viel. Ich möchte einfach wieder mein gewohntes Leben zurückhaben.

Irgendwann fangen beide Füße an zu brennen, als ginge ich über heiße Kohlen. Stechende Schmerzen schießen an meinen Beinen hinauf. Jeden Tag ziehen sie höher und höher und werden immer stärker. In meinen Beinen wütet die gleiche Art von Schmerz wie in meiner rechten Seite. Ich ziehe meinen rechten Fuß immer noch nach, und jetzt geben auch noch meine Knie nach. Jedes Mal, wenn ich stehe, sacken sie unter mir zusammen, und ich knicke zu Boden. Trotzdem bin ich fest entschlossen, mir von niemandem helfen zu lassen. Deshalb hangle ich mich an Möbeln und an der Wand entlang, um mich auf den Beinen halten zu können.

Das vergeht bestimmt wieder.

Falsch.

Meine Beine werden schwächer. Ich kann nicht mal mehr mit den Zehen wackeln. Und die Schmerzen werden noch stärker.

Doch eines Morgens sind sie abrupt weg. So sehr ich es feiern möchte, dass ich schmerzfrei bin, wären mir die Schmerzen doch lieber als das, was danach kommt: Nichts.

Keine Bewegung mehr. Keine Funktion. Nichts. Ganz tief innen weiß ich genau:

Hier stimmt etwas absolut nicht.

Ende Juni bezeichnen die Ärzte in zwei weiteren großen Kliniken in Massachusetts meinen Zustand erneut als „psychosomatisch". Da sie nicht erklären können, was ich habe, bezeichnen auch sie mich als „psychisch krank", um meinem Zustand irgendeinen Namen zu geben. Das bedeutet im Klartext: Die Ärzte schreiben mich nun ganz ab und weigern sich, mir zu glauben, geschweige denn zu helfen. In einem verzweifelten Versuch, Antworten zu bekommen, bringt mich meine Mutter zu einem Heilpraktiker in Connecticut. Der Heilpraktiker macht sich große Sorgen um mich und greift sofort zum Telefon. Ehe wir uns versehen, sind wir unterwegs in ein weiteres großes Krankenhaus, dieses Mal in New York City. Zuerst sind die Ärzte ernsthaft besorgt und führen eine Reihe von Untersuchungen durch. Aber als eine Untersuchung nach der anderen keine eindeutigen Schlussfolgerungen nahelegt, kratzen sie sich ratlos am Kopf und fragen sich: Was bringt ein normales elfjähriges Mädchen, das immer aktiv und gesund war, dazu, *so zu werden?*

Nach ungefähr einer Woche mit vielen Untersuchungen und erfolgloser Physiotherapie kommt eine der leitenden Ärztinnen zu uns ins Zimmer, hebt die Hände und sagt: „Ich habe keine Ahnung, was hier los ist." Dann geht sie und gibt uns lediglich ein Rezept für eine weitere Runde Physiotherapie. Und einen Rollstuhl.

Rollstuhl?

Das ist nur vorübergehend, oder?

Meine einzige Berührung mit einem Rollstuhl hatte ich, als sich ein Mitschüler in der vierten Klasse bei einem Motorradunfall das Bein gebrochen hatte. Er hatte einen echt coolen gelben Rollstuhl, und ich erinnere mich, dass ich mich gefragt habe, wie es wohl sein muss, den ganzen Tag darin zu sitzen. Ich hätte mir nie vorstellen können, dass ich eines Tages selbst in einem Rollstuhl hocke und dass der Rollstuhl für sehr lange Zeit die einzige Möglichkeit sein würde, mich fortzubewegen.

Erst jetzt fange ich an, wirklich zu begreifen, dass meine Beine nicht mehr funktionieren. Ich kann mir aber absolut nicht erklären, warum sie mir nicht gehorchen.

Warum kann ich nicht gehen?

Warum kann ich meine Beine nicht fühlen?

Wackle, Zeh!

Bitte, wackle!

Mein ganzes Leben lang war ich aktiv. Ich bin herumgerannt und habe getanzt, ohne irgendwelche Probleme zu haben. Und jetzt? Ich kann nicht einmal meine Fußzehen bewegen. Ich starre stundenlang meine Füße an und suche verzweifelt nach einem Lebenszeichen. Jede Minute, die vergeht, verstärkt meine Angst und Verwirrung.

HILFE!

Hauptsache, ich bin rechtzeitig zum Feldhockey-Camp im Juli wieder gesund! Ich bin fest entschlossen, in der sechsten Klasse in der Startmannschaft zu spielen. Aber für das Feldhockey-Camp müsste ich mich zumindest auf den Beinen halten können …

Das Feuerwerk erhellt den Himmel und am See wird gefeiert. Es ist der 4. Juli, der amerikanische Nationalfeiertag. Ich sitze in meinem Rollstuhl vor dem Seehaus meiner Familie und bin verwirrt und traurig. Ich kann nicht mit den anderen Kindern herumlaufen, und es macht mich richtig krank, dass selbst das Sitzen in meinem Rollstuhl so ermüdend ist. Noch im letzten Sommer bin ich ohne die geringste Sorge mit den anderen herumgesprungen und habe mir das Feuerwerk angesehen. Jetzt klammere ich mich an diese Erinnerung wie an eine Rettungsleine. Meine Welt bricht in sich zusammen.

Was geschieht mit mir?

Was ist aus dir geworden, Victoria?

Warum gibt mir niemand eine Antwort?

Warum glauben mir die Ärzte nicht?

Bin ich am Ende wirklich verrückt?

Aber ich *weiß*, dass ich es nicht bin und dass das, was ich spüre beziehungsweise *nicht* spüre, echt ist. Doch ich fühle mich von den Ärzten im Stich gelassen, von denen immer wieder nur die Aussage kommt: „Das ist reine Kopfsache." Mein Zustand verschlechtert sich weiter, aber die „Spezialisten" glauben mir nicht und helfen mir nicht.

Meine Mutter macht mir immer wieder Hoffnung. Sie weigert sich zu akzeptieren, dass „man nichts machen kann". Ihr Glaube an mich hilft mir, den Verstand nicht zu verlieren und stark zu bleiben. Aber nicht einmal sie kann das, was als Nächstes passiert, verhindern.

Nach diesem ersten Juli-Wochenende fängt mein ganzer Körper an, sich Stück für Stück abzuschalten.

Es ist, als würden die ganzen „Leitungen", die meine Körperfunktionen steuern, eine nach der anderen „gekappt". Wie die

Stromleitungen im Haus, die dafür sorgen, dass die elektrischen Geräte funktionieren – Licht, Kühlschrank, Fernseher –, wird mein innerer Stromkreislauf nach und nach abgeschaltet. Eine Funktion nach der anderen wird immer mühsamer, bis irgendwann jede einzelne einfach ihren Dienst verweigert.

Ich, ich, ich kann nicht schlucken.

Das Essen steckt fest, Mama.

Zu essen war für mich nie ein Problem. Solange ich zurückdenken kann, hatte ich immer einen gesunden Appetit. Plötzlich stellt es eine körperliche Herausforderung dar, zu essen. Ich versuche zu schlucken, aber es fühlt sich an, als würde etwas meine Kehle blockieren. Mit jedem Schluck wird es schwerer und schwerer.

Husten! Du hast noch Essen im Hals.

Versuch es noch einmal!

Husten, husten, husten.

Das Essen steckt fest.

Noch einmal, komm schon, Victoria!

Husten!

Husten!

Ich bekomme keine Luft mehr! Hilfe!

Solche Situationen treten immer häufiger auf. Die Muskeln in meinem Hals und Mund werden schwächer und schwächer. Bis …

Bis der Schluckreflex überhaupt nicht mehr funktioniert.

Knips. Ausgeschaltet!

Die Fähigkeit, meine Beine und Zehen zu bewegen, habe ich bereits verloren, aber jetzt wird es auch mit meinen Armen und Fingern immer schlechter. Es ist, wie wenn ein Baby versucht, etwas zu greifen. Es weiß, dass es den Gegenstand oder das Spielzeug will, aber es bringt die Koordination nicht zustande, um seinen kleinen Arm an die richtige Stelle zu bringen. Ein kleines Kind versucht es und versucht es, immer und immer wieder, bis es schließlich gelingt und die Bewegung selbstverständlich wird.

Aber ich bewege mich in die andere Richtung. Einfache Dinge, wie ein Wasserglas zu halten, werden immer schwieriger. Ich will meine Hände und Finger bewegen, aber sie gehorchen mir nicht. Die Verbindung zu meinen Gliedmaßen wird immer schwächer, bis ...

Bis ich meine Hände und Finger nicht mehr steuern kann.

Knips. Ausgeschaltet!

Ich brauche immer mehr Hilfe. Es wird ständig mühsamer, meine Selbstständigkeit nicht komplett zu verlieren. Um noch halbwegs allein zurechtzukommen, muss ich meine ganze verbleibende Energie aufwenden. Ich kämpfe um die Kontrolle über meinen Körper und darum, das Steuer in der Hand zu behalten, aber alles gerät außer Kontrolle und entgleitet mir in rasantem Tempo. Ich wache jeden Morgen auf und stelle fest, dass ich noch abhängiger von anderen geworden bin als am Vortag.

Ich verliere meine Selbstständigkeit.

Knips. Ausgeschaltet.

Dann tritt das ein, wovor ich die meiste Angst habe: Es gibt Momente, in denen ich mich an die einfachsten Dinge nicht erinnern kann: wer ich bin und wo ich bin und wer zu meiner Familie gehört. Es fühlt sich an wie ein Kurzschluss in meinem Gehirn, das sich offensichtlich immer wieder für einige Sekunden ausschaltet.

Solche Momente werden immer häufiger, und es fällt mir zunehmend schwerer zu sprechen. Ich weiß, was ich sagen will, aber ich finde die richtigen Worte nicht oder kann die Verbindung zwischen meinem Hirn und meinem Mund nicht herstellen. Dann wird der Schalter wieder umgelegt und alles ist gut. In der einen

Minute weiß ich, wer meine Mutter ist, und in der nächsten weiß ich es nicht. Ich wechsle ständig zwischen klaren und dunklen Momenten hin und her und bete jedes Mal, dass es wieder hell wird.

Ich heiße Victoria Arlen.

Ich heiße Victoria Arlen.

Ich heiße Victoria Arlen.

Ich …

heiße …

?

Wie heiße ich?!

Wie heiße ich?!

Nein.

Nein.

Bitte, NEIN!!!

Lass das aufhören, Gott, bitte!

Mein Verstand …

Knips. Ausgeschaltet!

In meinen immer seltener werdenden lichten Momenten habe ich wenigstens noch meine Stimme. Ich kann mit meiner Familie kommunizieren und ihnen mitteilen, was ich erlebe. Aber dann, eines Tages …

Kann mich jemand hören?

Hallo!

Meine Stimme?

Meine Stimme!

Wo ist meine Stimme?!

Vollständig weg. Ich versuche, Worte zu formen, aber ich bringe nur ein mühsames, sinnloses Murmeln und Stöhnen heraus.

Meine Fähigkeit zu kommunizieren …

Knips. Ausgeschaltet!

*

Im Kunstunterricht in der fünften Klasse hatten wir einen Schraubstock, bei dem zwei Metallteile zusammengeschoben wurden, um
dazwischen unser Kunstwerk einzuklemmen. Der Schraubstock
sah aus wie eine Gerätschaft aus einem Wikingerfilm. Wie ein Fol-
terinstrument für unsere armen Kunstwerke.

Genau so fühle ich mich jetzt. Als wäre mein Kopf in einen
Schraubstock gezwängt und der Druck wird immer stärker und
stärker, bis er unerträglich ist. Ich verliere aufgrund der starken
Schmerzen immer häufiger das Bewusstsein oder will mich über-
geben. Keine Entspannung oder Erleichterung, nur ständig dieser
Druck und dieses Gefühl, dass mein Gehirn zusammengequetscht
wird. Die rasenden Kopfschmerzen dauern eine gefühlte Ewigkeit.
Aber es sind in Wirklichkeit nur zwei Tage. Dann wird alles dunkel.

Der letzte Schalter, der Lichtschalter ...

Knips. Ausgeschaltet.

Ich versinke in einem schwarzen Loch. Nun bin ich in diesem
dunklen Zustand gefangen, aber das ist mir nicht einmal bewusst.
Ich habe mich von mir selbst, von meiner Familie und von allem,
was ich kenne, zurückgezogen. Ich bin in meinem Gehirn gefangen, eingesperrt in einem Körper, der nicht mehr mit mir verbunden ist. Locked in.

Die Victoria, die meine Freunde kannten und die meine Familie
liebte, gibt es nicht mehr. Das Licht ist erloschen und nichts funktioniert mehr. Alles, was mich ausmachte, ist fort. Ich bin fort.

Victoria Catherine Arlen, am 26. September 1994 in Boston,
Massachusetts, als Tochter von Larry und Jacqueline Arlen gebo-
ren ... *ausgelöscht.*

Die Hölle beginnt.

3

Die Hölle

Anfang August 2006

Rückblende. Als ich meine kognitiven Fähigkeiten nach und nach verliere, bringen mich meine Eltern wieder in die Notaufnahme einer angesehenen Kinderklinik in Massachusetts. Ich werde sofort stationär aufgenommen. Während dieses Krankenhausaufenthalts muss ich erneut jede Menge schmerzhafter Untersuchungen über mich ergehen lassen. Wieder ohne Ergebnisse. Nach einigen Tagen werden meine Eltern in ein Besprechungszimmer im Krankenhaus geführt, wo man ihnen von einer „Einrichtung für Rehabilitation und Schmerztherapie" erzählt. Meine Eltern wollen mir unbedingt helfen. Sie machen sich große Sorgen, dass ich vielleicht sterbe, wenn sie mich mit nach Hause nehmen. Damals haben sie das Gefühl, dass ihnen kaum eine andere Wahl bleibt, als diesem Vorschlag zuzustimmen, wenn sie nicht das Risiko eingehen wollen, wegen unterlassener Hilfeleistung angezeigt zu werden.

Die Einrichtung für „Schmerztherapie" ist in Wirklichkeit ein älterer, heruntergekommener Teil der Kinderklinik. Die Zimmer ähneln Schlafsälen, und die Wände sind weiß und kahl. Meinen Eltern ist anfangs nicht bewusst, dass es in Wirklichkeit eine psychiatrische Einrichtung ist. Die Besuchszeiten sind begrenzt, und man muss sich ausweisen, um überhaupt eingelassen zu werden.

In dieser Zeit habe ich immer wieder kurze Phasen, in denen mein kognitives Bewusstsein wach ist. Ich habe viele Erinnerungen an diese Zeit, von denen ich die meisten am liebsten vergessen würde.

In der Sonntagsschule habe ich gelernt, dass es Himmel und Hölle gibt. Der Himmel wurde als schöner Ort beschrieben, an dem Gott wohnt – ein Ort voll Liebe und Licht. Die Hölle hingegen wurde als sehr düsterer Ort beschrieben, an den böse Menschen kommen und wo es Feuer und Qualen gibt und viele sehr schlimme Dinge passieren. In meiner Zeit hier lerne ich, dass es auch auf der Erde eine Hölle gibt.

Als ich in meine neue „Unterkunft" geschoben werde, bin ich desorientiert und verwirrt, aber ich bin so weit bei Bewusstsein, dass ich merke, dass mich meine Eltern verlassen. Sie sagen mir immer wieder, dass sie mich lieben und dass sie mich bald wieder besuchen kommen. Ich will schreien und weinen, als sich meine Eltern verabschieden, aber mein Mund weigert sich, auch nur einen Ton herauszubringen.

Bitte lasst mich nicht hier.

BITTE!!!

Als sie fort sind, packen mich grobe Hände an den Schultern und ich höre eine aggressive Männerstimme, die knurrt: „Deine Eltern kommen erst wieder, wenn du mit diesem Spielchen aufhörst. Ihnen kannst du vielleicht etwas vormachen, aber uns nicht." Ab diesem Moment weiß ich, dass ich an einem Ort bin, an dem ich keine Heilung und Hilfe erwarten kann.

Sie werden mir nicht helfen.

Sie halten mich für verrückt.

Bitte, lasst mich hier raus!

Lasst mich nach Hause.

Ich bin nicht verrückt.

Ich bin nicht verrückt.

ICH BIN NICHT VERRÜCKT!

Später erfahre ich, dass meine Mutter bei der Heimfahrt fast einen Nervenzusammenbruch erleidet. Als sie zu Hause ankommen, fängt sie an, sich über den Ort zu informieren, der ihrer Tochter angeblich „helfen" soll. Aber sie stellt schnell fest, dass ich nicht in einer „Einrichtung für Rehabilitation und Schmerztherapie" gelandet bin, sondern auf einer *psychiatrischen Station*. Meine Eltern fangen sofort an, eine Möglichkeit zu suchen, mich wieder herauszuholen.

Ich bin gefangen.

Sie werden mich umbringen.

Ich erinnere mich, dass ich dort gequält werde und dass man mir immer wieder sagt:

„Wir glauben dir nicht."

„Hör auf mit diesem Spiel!"

„Deine Mami ist nicht da und kann dir jetzt nicht helfen."

Anscheinend versuchen sie, mir Schmerzen zuzufügen, um mich „zu brechen", damit ich „mit diesem Spiel aufhöre".

Ich verstelle mich NICHT!

Kann mir jemand helfen!

Bitte!

Viele Pfleger und Schwestern gehen grob mit mir um, aber eine Schwester ist besonders schlimm. Ich erinnere mich, dass sie Mitte fünfzig ist und korpulent. Sie trägt eine dicke Brille, hat graublondes Haar und einen runden Haarschnitt. Nennen wir sie einfach F.

Jeden Morgen verfrachtet mich F unter eine kalte Dusche und verspottet mich, wenn die Kraft in meinem Oberkörper nachlässt und ich auf dem Duschhocker zusammensacke. Ich kann kein Essen schlucken, aber da F glaubt, ich würde das alles nur spielen, werde ich zwangsernährt. F stopft das Essen in meinem Mund und wenn es in meinem Hals stecken bleibt, huste ich und ringe nach Luft. Erst wenn ich kurz vor dem Ersticken bin, hört sie damit auf. Das wiederholt sich immer und immer wieder. Sie fragt natürlich auch nicht, was ich mag oder nicht mag. Da ich „mich weigere, mein Essen zu schlucken", bringen sie und eine andere Schwester mich in ein Zimmer, in dem mir F brutal eine Magensonde in die Nase schiebt und mir Flüssignahrung einflößt. Statt die Sonde anschließend in meiner Nase zu lassen, reißt sie sie heraus und wiederholt diese Tortur bei *jedem* Essen, dreimal am Tag. Später erfahre ich, dass Magensonden nicht mehrmals am Tag eingeführt und wieder herausgezogen werden müssen. Als meine Mutter fragt, warum sie die Sonde nicht einfach drinnen lassen, antwortet die Stationsschwester: „Wir verfolgen das Ziel, dass Victoria wieder isst. Dazu können wir sie nur bringen, wenn die Ernährung über die Sonde für sie unangenehm und keine schöne Erfahrung ist." Natürlich schäumt meine Mutter vor Wut über, aber ihr sind die Hände gebunden.

Ich bin in einer sehr verwirrten Verfassung. Durch diese Misshandlungen fühle ich mich wie eine Gefangene, die ein schlimmes Verbrechen begangen hat.

Bitte lasst mich einfach nach Hause.

Ich habe nichts verbrochen.

Ich habe nie verstanden, warum Menschen andere absichtlich verletzen. Schon als Kind konnte ich mich furchtbar aufregen, wenn ich sah, wie Kinder unfreundlich zu anderen waren. Ich habe jeden Abend zu Gott gebetet, dass sich alle lieben und einander helfen sollen.

Selbst *wenn* die Pfleger und Ärzte auf dieser Station überzeugt sein sollten, dass sie mir mit ihren groben und brutalen Methoden helfen könnten, so muss ich doch sagen, dass Unfreundlichkeit *nie* hilft. Und selbst *wenn* meine Krankheit psychischer Natur *wäre*: Wie sollte sich mein Zustand dadurch, dass mir noch mehr Schmerzen zugefügt werden, bessern? Ich finde, jede Art von Behandlung sollte von Liebe geprägt sein. Egal, ob eine Krankheit nun körperliche oder psychische Ursachen hat: Misshandlung ist immer ein absolutes „No go". Wenn man einem Menschen bewusst neue Schmerzen zufügt, vertreibt das seine bisherigen Schmerzen ganz sicher nicht.

Und noch etwas: Meine Schmerzen sind *nicht* alle in meinem Kopf.

Ich bin eine Gefangene.

Ich befinde mich in einem Gefängnis aus Schmerzen.

Meinen Eltern ist nur eine begrenzte Besuchszeit erlaubt und sie dürfen nicht bei mir übernachten. Die schlimmste Behandlung erlebe ich nachts. Ich habe mich schon immer vor der Dunkelheit gefürchtet, und an diesem Ort wird meine Angst vor der Nacht noch verstärkt.

Je mehr Tage und Nächte vergehen, umso schwächer und teilnahmsloser werde ich. Das Krankenhauspersonal macht mir so viel Angst, dass ich zu niemandem mehr Augenkontakt herstelle. Ich halte meinen Kopf gesenkt. Ein kurzer Blick in den Spiegel zeigt ein graues, knöchriges, resigniertes Kindergesicht. Eingesunkene Wangen, glasige Augen ohne die geringste Spur des Funkelns, das früher darin getanzt hat.

Wie kann dieser Zombie im Spiegel ich sein?

Wo ist das lächelnde, energiegeladene, lustige Mädchen?

Wo ist das Leuchten in den Augen?

Ich hatte ein Grübchen in der linken Wange. Es war immer zu sehen, weil ich immer lächelte. Jetzt ist mein Gesicht zu ausgemergelt für dieses Grübchen. Ich kann nicht lächeln, ich kann nicht sprechen, und ich kann kaum den Kopf oben halten. Ich will das Entsetzen in den Gesichtern meiner Familie nicht sehen, wenn sie mich besuchen. Deshalb beschließe ich, ihnen nicht in die Augen zu schauen.

Ich bin machtlos.

Es gibt nichts Schlimmeres als das Gefühl, sich nicht wehren zu können.

Warum lasst ihr mich hier allein?

Später erfahre ich, dass sich meine Familie in dieser Zeit verzweifelt bemüht, mich aus dieser Einrichtung herauszuholen. Man sagt ihnen, dass ich nicht entlassen werden könne, weil ich psychiatrische Hilfe bräuchte. Aber meine Familie weiß instinktiv, dass mich dieser Ort umbringen wird, wenn sie mich nicht bald retten. Meine Eltern stellen ein Team aus Anwälten und Ärzten zusammen und erarbeiten einen Plan, um meine Entlassung zu erwirken. Zeitgleich kämpfe ich ums Überleben.

Mitten in dieser Hölle auf Erden ist immerhin eine Krankenschwester, die freundlich und mitfühlend ist. Sie meint es wirklich gut mit mir. Sie kümmert sich um mich und unterstützt mich. Wenn meine Eltern zu Besuch kommen, sagt sie ihnen, dass ich nicht hierher gehöre und dass sie mich herausholen müssen.

Aber leider wird diese Schwester nicht oft für mich eingeteilt. Offenbar hat mich F besonders „ins Herz geschlossen" und scheint *immer* für mich zuständig zu sein. Wenn meine Eltern zu Besuch kommen, versucht sie, ihnen einzureden, ich würde nur eine „Show abziehen", und behauptet, dass ich „bestens klarkomme", wenn sie nicht da sind.

Mein Körper schaltet sich immer mehr ab und versagt langsam seine Dienste. Ich habe kaum noch die Energie, die Augen offen zu halten. Ich bin nicht sicher, wie viel ich noch verkraften kann, aber ich versuche weiterzukämpfen. F und einige andere Schwestern und Pfleger versuchen unermüdlich, mich dazu zu bringen, „mit diesen Spielchen aufzuhören". Die Methoden, derer sie sich dazu bedienen, sind unmenschlich. Das, was sie mit mir machen, würde ich nicht einmal meinem schlimmsten Feind wünschen.

Das war's dann wohl.

Gib den Kampf auf.

Lass es einfach aufhören.

Wie viel halte ich noch aus?

Meine Gedanken überschlagen sich.

Ich weiß nicht, wie viel ich noch verkrafte, aber etwas in mir versucht es weiter.

Versuche zu kämpfen!

Hol dir deine Würde zurück!

Ich, ich, ich kann nicht.

Ich will nicht mehr kämpfen.

Ich möchte unbedingt leben, aber der Wunsch, das alles hinter mir zu lassen, ist stärker.

In vielerlei Hinsicht fühlt es sich an, als wäre ich zwischen zwei Welten gefangen. Und wenn ich einfach aufhöre, es zu versuchen? Vielleicht ist das der Ausweg, und ich kann den Kampf aufgeben und sterben. Endlich frei sein.

Ich kann mich nicht erinnern, wann ich mich das letzte Mal frei gefühlt habe. Ich habe grausame Schmerzen und fühle mich so elend, dass der Tod einladend wirkt. Schmerzen und Leiden bestimmen nun vollständig meine Identität und meine Existenz. Ich bete nur noch, dass Gott mir gnädig ist und alles wegnimmt.

Eines Nachts auf dieser Station werde ich brutal mit der Möglichkeit konfrontiert, dass ich sterben könnte. Obwohl schon lange alles furchtbar ist, ist in dieser Nacht etwas anders, ganz anders. Mein Herz rast, und die Schmerzen erreichen einen neuen Höhepunkt. Ich kann kaum atmen und mein Körper fängt an, sich zu verkrampfen. Ich sterbe. Mein Körper hat sich wie ein Embryo zusammengerollt und kann nicht mehr. Er gibt auf.

So fühlt sich also Sterben an.

Ich bin in meinem Zimmer allein. Die Tür wurde abgesperrt. Ich versuche, um Hilfe zu schreien, aber ich kann kaum atmen. Ich schaue aus dem Fenster zum Himmel hinauf und habe das beängstigende Gefühl, dass dies das Ende ist. Mein Körper hat gekämpft, so gut er konnte, aber jetzt ist es Zeit, loszulassen. Die Schmerzen werden immer stärker und mein Atem wird immer schwächer. Mein Körper verkrampft sich und zittert von Kopf bis Fuß. Er fühlt sich an, als würde er explodieren. In meinem Kopf dreht sich alles. Ich kann nicht einmal weinen. Der einzige Trost sind die Wolldecken, die ich schon als Baby hatte. Meine Mutter hat sie mir dagelassen. Das weiche, vertraute Material gibt mir ein bisschen Halt. Für einen kurzen Moment schließe ich die Augen und fühle mich, als wäre ich zu Hause.

Ich will nach Hause.

Bitte lasst mich nach Hause.

Ich will nach Hause.

Die Realität reißt mich schnell wieder aus diesem angenehmen Gefühl, als ich zur Tür schaue und meinen Blick durch mein leeres Zimmer mit den weißen Betonwänden und den schmutzigen Deckenfliesen wandern lasse. Mir wird bewusst, was das Schlimmste an meiner Situation ist: Ich werde nicht nur an diesem kalten, schrecklichen Ort sterben. Ich bin auch noch *allein*. Ganz allein. Niemand ist da, der mich tröstet oder in den Armen hält. Ich werde mich nie von meiner Familie oder meinen Freunden oder meinem Leben verabschieden können. Ich werde nie wieder schwimmen können, nie wieder tanzen, nie wieder Hockey spielen, nie wieder zur Schule gehen, nie Auto fahren oder einen Freund haben. Ich werde nie wieder leben, die Welt sehen und lachen können. Mein Grübchen bleibt für immer eine ferne Erinnerung auf Fotos und Familienvideos. Meine großen, braunen Augen bleiben für immer geschlossen. Ich kann mich ehrlich nicht erinnern, wann ich das letzte Mal gelacht oder auch nur gelächelt habe. Den Ärzten bin ich egal. Wahrscheinlich sind sie einfach froh, wenn das Zimmer wieder frei wird. Sie halten mich sowieso für verrückt.

Das ist das, was sie wollten.

Sie haben mich gebrochen.

Niemand wird je erfahren, was hier wirklich passiert ist.

Niemand wird je wissen, welche furchtbaren Dinge die Ärzte und das Pflegepersonal mir angetan haben.

Die grausamen Dinge, die sie gesagt und getan haben.

Und niemand wird erfahren, wie schwer ich gekämpft habe und wie viel ich ertragen habe.

Ich werde zum Schweigen gebracht.

Für immer.

Und sie werden weiterhin Kinder wie mich misshandeln.

An diesem Punkt geht es mir unbeschreiblich schlecht. Ich habe die schlimmsten Schmerzen, die man sich vorstellen kann. Ich will nur noch, dass es vorbei ist. Selbst wenn das bedeutet, dass ich sterbe. Ich kann nicht einmal weinen, selbst wenn ich es noch so sehr versuche. Es ist buchstäblich nichts mehr übrig. Mit meinem Körper ist es vorbei. Mit mir ist es vorbei.

Ich weiß, dass ich ganz kurz davorstehe, frei zu sein und keine Schmerzen mehr zu haben. Ich bin nur noch einen kleinen Schritt davon entfert, diese leidvolle Welt zu verlassen. Ich begrüße den Tod wie einen alten Freund. Einen Freund, den ich nie kannte und den ich bis zu diesem Moment auch nie kennenlernen wollte. Ich sehne mich nach Freiheit und einem schmerzfreien Moment. Nur einen einzigen Moment, an dem ich lächeln und atmen kann, ohne das Gefühl zu haben, von einem Dolch durchbohrt zu werden. An diesem Punkt erscheint mir der Tod als einziger Ausweg. Die Welt um mich herum ist grausam und der Gedanke, noch länger zu bleiben und zu leiden, ist unerträglich. Ich kann nicht mehr. Ich wollte nie sterben oder aufgeben, und ich habe furchtbare Angst – nicht unbedingt vor dem Tod selbst, sondern davor, alles zurücklassen zu müssen und keine Chance mehr zu bekommen, zu leben und meine Träume zu verwirklichen. Aber mir graut noch mehr davor, auch nur einen Tag länger in dieser Hölle zu vegetieren. Wenn ich die Kraft und die Möglichkeit dazu hätte, würde ich mir jetzt wahrscheinlich selbst das Leben nehmen.

Ich hatte seit meiner Kindheit so große Träume: eine Goldmedaille gewinnen, Schauspielerin oder Fernsehmoderatorin werden, einmal bei *Dancing with the Stars* auftreten und die Welt zu verändern. Das waren neben vielen anderen Dingen meine Träume, die ich eines Tages verwirklichen wollte. Leider würde dieser Tag nie kommen. Diese Träume wurden mir von diesen Schwestern und Ärzten geraubt. Sie sind fest entschlossen, mich zu brechen. Und sie haben gewonnen.

Es tut mir leid, dass ich nicht stärker war.

Es tut mir so leid.

Während ich im Sterben liege, muss ich unweigerlich daran denken, wie meine Geschichte endet und wie resigniert ich mich fühle. Ich bin ein Opfer. Ein schlimmeres Gefühl kann es nicht geben. Ich habe den größten Kampf meines Lebens verloren. Im buchstäblichen Sinn.

So habe ich mir das Ende meiner Geschichte nicht vorgestellt.

Sterben ist furchtbar, aber wegen der Fehler von anderen zu sterben, ist noch viel entsetzlicher. Auch mit elf Jahren weiß ich, dass meine Geschichte eigentlich nicht so enden sollte. Ich habe nicht einmal annähernd das Leben geführt, das ich mir erträumt habe. Aber ich weiß einfach, dass ich nicht länger kämpfen kann. Ich muss loslassen. Ich weiß, dass ich stark bin, aber jetzt ist der Moment gekommen, in dem ich alles Gott übergeben muss. Ich kann nicht anders und bete:

Bitte Gott, bitte hilf mir.

Sag meiner Familie, dass ich sie liebe.

Sag ihnen, dass es mir leidtut.

Ich wollte nie, dass es so endet.

Bitte pass besonders auf meine Mama auf.

Und lass meine Eltern wissen, dass es nicht ihre Schuld ist.

Der Gedanke, meine Familie zu verlassen, jagt mir schreckliche Angst ein. Drillinge fühlen sich ihr Leben lang eng miteinander verbunden und haben den tiefen Wunsch, zusammenzubleiben. Wir kommen gemeinsam in diese Welt und deshalb verlassen wir sie auch wieder gemeinsam – etwas in der Art. Mein älterer Bruder, LJ, ist mein Teddybär und Beschützer. Ich habe noch nicht einmal einen Freund mit nach Hause gebracht, dem er auf den Zahn hätte fühlen können. Und meine Eltern – oh, meine Eltern … Ich weiß, dass es sie in den Abgrund stürzen wird, wenn ich hier sterbe, und dann auch noch mutterseelenallein.

Tief in meinem Inneren ist mir klar, dass ich noch nicht *wirklich* gelebt habe. Dennoch müsste ich meine ganze Willenskraft zusammennehmen, um nicht aufzugeben. Aber der Wille, am Leben zu bleiben, ist verglichen mit dem Wunsch, dieser Hölle zu entfliehen, einfach zu schwach. Deshalb bete ich so intensiv, wie ich noch nie gebetet habe.

Bitte, Gott, rette mich aus dieser Hölle!

Ich will ja nicht sterben.

Aber ich kann hier nicht länger leben.

Bitte, Gott.

Lass mich hier nicht sterben.

Rette mich!

Ich habe Angst, die Augen zu schließen, weil ich nicht weiß, ob ich sie danach je wieder öffnen kann. Angst überrollt meinen Körper. Es ist, wie wenn ein Schwimmer von großen Wellen überspült wird und verzweifelt kämpft, um nicht unterzugehen, aber trotzdem spürt, dass er immer mehr versinkt.

Bleib wach, Victoria.

Bleib am Leben.

Hab keine Angst.

Sei stark.

Angst ist ein alles beherrschendes, verwirrendes Gefühl. Man weiß nie, wie schwer sie zuschlagen oder was sie auslösen wird. Später werde ich erfahren, dass viele Faktoren zu der bodenlosen Angst beitragen, die ich in dieser Situation empfinde. Tief in meinem Herzen graut es mir davor, allein zu sein, stumm zu leiden und aus diesem Leben gerissen zu werden, ohne die Chance bekommen zu haben, wirklich zu leben.

Wie kann meine Geschichte so enden?

Misshandelt.

Mit starken Schmerzen.

Allein.

Ein Opfer dieser Krankheit und dieses schrecklichen Ortes.

Ich will leben und frei sein, aber ich weiß, dass das in diesem Moment schlicht und ergreifend unmöglich ist. Der Preis, um dieser Hölle noch länger meinen Überlebenswillen entgegenzusetzen, ist zu hoch.

Ich kann nicht mehr kämpfen.

Es tut mir leid.

Es tut mir so, so, so leid.

Ich kämpfe darum, die Kraft zu finden, in Würde zu sterben. Nicht zu weinen. Keine Angst zu haben. Stark zu sein und mir ins Gedächtnis zu rufen, dass ich nach Kräften gekämpft habe. Jetzt ist es Zeit, sich von allen zu verabschieden.

Liebe Victoria,

du hast es wirklich gut gemacht. Du hast ein gutes Leben geführt. Du hast Mathe kapiert und hattest immer gute Noten. Du bist schnell geschwommen, du hast deine Familie geliebt und du hast immer mutig gelebt. Dein Lächeln konnte ein ganzes Zimmer erhellen und wird auch im Himmel erstrahlen. Du hast schwer gekämpft. Und du hast NICHT aufgegeben. Leider waren die Schmerzen und diese Krankheit ein stärkerer Gegner, als sich irgendjemand hätte vorstellen können. Du warst in der Unterzahl – ein Kind, das gegen viel zu viele Feinde gekämpft hat, gegen deren Waffen du machtlos warst. Ich weiß, dass du dein Leben nicht so geplant hast und auch nicht vorhattest, dass es so enden würde, aber das ist okay. Manchmal läuft nicht alles nach Plan. Hab keine Angst. Obwohl es ein kurzes Leben war, war es ein gutes Leben. Ein wirklich, wirklich gutes Leben. Ein Leben, das nie vergessen werden wird. Es wird Zeit, die Flügel auszubreiten und endlich frei zu sein.

Jesus, bitte nimm mich zu dir.

An Gott:

Danke, Gott, für ein schönes Leben. Bitte hülle meine Familie mit deiner und meiner Liebe ein. Lass mich jeden Tag, den sie leben, über ihnen scheinen wie die vielen Regenbögen, die ich früher so oft gemalt habe. Lass sie wissen, dass ich immer bei ihnen bin. Bitte halte sie, wenn sie um mich weinen, und beschütze sie, wenn die Trauer fast unerträglich wird. Und bitte lass sie nie vergessen, wie sehr ich sie liebe. Bitte lass meine Brüder mutig und furchtlos leben und lass mich der Wind unter ihren Flügeln sein.

An meine Familie:

Das Aller-, Allerwichtigste zuerst: Danke, danke, danke für die unglaublichsten elf Jahre, die man sich vorstellen kann. Ich kann nur lächeln, wenn ich an euch alle denke und daran, wie viel Spaß wir miteinander hatten. Das Haus am See, das Hockeyfeld, Skifahren, Tanzpartys und die vielen Ausflüge und Abenteuer – es war ein wunderbares Geschenk von Gott, dass ich Teil dieser Familie sein durfte. Ich war ein riesengroßer Glückspilz, weil ich euch alle in meinem Leben haben durfte. Und es tut mir so leid, dass es so enden muss. Mir fehlen wirklich die Worte, um zu sagen, wie sehr ich euch alle vermissen werde und wie viel mir jeder von euch bedeutet. Ich weiß, dass ich nur wegen euch allen überhaupt so lange durchgehalten habe. Ich habe mich so sehr bemüht zu kämpfen, weil ich mehr Zeit mit euch verbringen wollte. Es tut mir leid, dass wir nicht noch viel mehr Zeit miteinander haben können. William, Cameron und LJ, ihr wart die besten Brüder, die sich ein Mädchen je wünschen kann. William, ich werde es vermissen, dir beim Eishockeyspielen zuzusehen und mit dir Streethockey zu spielen und mit dir auf Bäume zu klettern und so zu tun, als wären wir Affen. Cameron, ich werde deine Umarmungen vermissen. Du hast mich immer zum

Lachen gebracht und gesagt, ich sei schön. Ich werde es vermissen, dass wir die „drei Musketiere" sind, die unzertrennlich waren. LJ, ich werde vermissen, wie du mich beschützt und auf mich aufgepasst hast und mir immer ein Lächeln entlocken konntest. Du warst das beste Vorbild und der beste große Bruder, den es geben kann, und ich werde nie vergessen, was du alles für mich getan hast. Jungs, ich hoffe, ihr lebt mutig und furchtlos, und ich bete, dass euch mein Tod nicht die Freude und euer Lachen raubt. Ich bete, dass ihr alle ein schönes und fantastisches Leben habt. Ihr wisst, dass ich bei euch bin, wohin ihr auch geht. Ihr seht mich vielleicht nicht, aber ihr sollt wissen, dass ich immer da sein werde. Ich werde nie von eurer Seite weichen.

Und schließlich, Mama und Daddy, danke, dass ihr immer versucht habt, mir zu helfen, und dass ihr mich so wunderbar und leidenschaftlich geliebt habt. Es tut mir so weh, dass ihr nicht hier seid. Aber ich weiß, dass ihr unablässig für mich kämpft. Obwohl dieser Kampf leider nicht so ausging, wie wir es uns vorgestellt haben, sollt ihr wissen, dass ich weiß, dass ihr ALLES getan habt, um mir zu helfen, und dass es NICHT eure Schuld ist, dass ich es nicht schaffen werde. Ich liebe euch mehr als das Leben und wünschte mehr als alles andere, dass ich euch beide noch ein letztes Mal umarmen könnte. Ich werde dein Lächeln vermissen, Mama. Du verbreitest immer Licht und Wärme, wohin du auch gehst. Und Daddy, ich werde dein Lachen vermissen und deine vielen albernen Scherze und dass du immer Tweetie Bird zu mir gesagt hast. Es macht mich traurig, dass du mich nicht als Braut in die Kirche führen kannst. Ich werde immer dein kleines Mädchen sein. Ich hätte so gern mehr Zeit auf dieser Welt, aber ich werde euch alle sehr bald wiedersehen. Ich hätte mir nie vorstellen können, meine letzten Momente so zu verbringen. Bitte glaubt mir, dass ich euch alle sehr liebe. Es tut mir so leid, dass *ich nicht länger durchhalten konnte. Lebt mit Licht und Liebe und ohne Angst. Tut das für mich.*

Ich werde immer über euch wachen, immer. Ich habe Angst, aber ich versuche, inmitten des Chaos und der Schmerzen einen Sinn und Frieden zu finden.

Bitte, Gott, mach es einfach schnell.

Ich halte das nicht mehr aus.

Bitte. Bitte.

Plötzlich werde ich an einen Bibelvers erinnert: „Ja, ich sage es noch einmal: Sei mutig und entschlossen! Lass dich nicht einschüchtern und hab keine Angst! Denn ich, der HERR, dein Gott, stehe dir bei, wohin du auch gehst" (Josua 1,9).

Bitte, Gott.

Sei bei mir.

Lass es schnell gehen.

Lass mich gehen.

Lass mich fliegen und frei sein.

Ich habe wirklich Angst. Aber dann erinnere ich mich:

Fürchte dich nicht, denn ich stehe dir bei;
hab keine Angst, denn ich bin dein Gott!
Ich mache dich stark, ich helfe dir,
mit meiner siegreichen Hand beschütze ich dich!
Jesaja 41,10

Zu meiner Überraschung verschwindet die Angst tatsächlich, und eine unglaubliche Ruhe und Liebe umgeben mich auf einmal. Ich kann es nur als Gottes Liebe beschreiben. Er hält mich, und ich weiß plötzlich wieder: Egal, was passiert, es ist gut. Das ist eine prägende Erfahrung, die ich an diesem absoluten Tiefpunkt mache: Selbst in einem der schlimmsten Momente meines Lebens ist Gott an meiner Seite. Er hält mich, er liebt mich und er beschützt mich. Auch wenn ich – menschlich gesehen – allein bin, weiß ich, dass ich *nicht* allein bin, denn Gott ist bei mir. Nun spüre ich totalen Frieden. Ob ich noch in dieser Welt bleibe oder ob ich gehe, ich habe Frieden.

Es wird gut werden.

Ich danke Gott im Gebet und versuche langsam, die Augen zu schließen.

„Victoria?"

Was?

„Victoria, wach auf! Ich bin es, Mama."

Mama?

Bist du es wirklich?

Meine Mama kommt mit zwei Sanitätern und einer Krankentrage in mein Zimmer. „Ich bin bei dir. Wir bringen dich von hier weg." Ich höre, wie sie das immer und immer wieder sagt.

Bin ich bereits tot?

Oder ist das ein Traum?

Ich bin verwirrt und habe keine Kraft, mich irgendwie zu bewegen, um ihr zu verstehen zu geben, dass ich sie höre. Ich werde schnell auf die Trage gelegt, aus dem Zimmer geschoben und von der Station gebracht. Ich sehe die kahlen Wände und die Schwestern und Ärzte im Gang stehen. Dann sehe ich sie, die Frau, die mein Leben zur Hölle gemacht hat: F. Am liebsten würde ich ihr wie ein kleines Schulmädchen zurufen: „Ha, ha! Du kriegst mich nicht!" Da ich das nicht kann, sage ich es nur in Gedanken und male mir aus, wie sie von einem wütenden Delfin eine Ohrfeige bekommt.

Meine Eltern und ihre Anwälte sind unter dem Vorwand gekommen, dass sie mich in eine andere psychiatrische Einrichtung verlegen, die näher an unserem Wohnort liegt. Aber in Wirklichkeit bringen mich die Sanitäter in ein Krankenhaus in unserer Nähe, wo mich die Ärzte sachgerecht versorgen, bis ich so stabil bin, dass meine Eltern mich mit nach Hause nehmen können.

Ha! Ha! Frau F.!

Jetzt guckst du, was?

Aber alles, was ich wirklich zu sagen habe, ist:

Danke! Gott! Du hast mich gerettet!

An dem Tag, an dem ich diese Horror-Station verlasse, erlebe ich, dass Gott unsere Gebete immer erhört. Nicht unbedingt dann, wenn wir es wollen, oder so, wie wir es erwarten. Aber das Timing spielt keine Rolle. Ich bin gerettet und ich bin aus der Hölle befreit, in der ich gefangen war. Mit ist bewusst, dass der Kampf noch nicht zu Ende ist, aber es ist ein guter Anfang.

Die Lichter werden wahrscheinlich irgendwann trotzdem endgültig ausgehen, aber ich bin bei Menschen, die mich lieben und die mir helfen wollen.

4
Dunkelheit

Ende August 2006 bis Dezember 2008

Dunkelheit. Im Lexikon wird Dunkelheit als „Abwesenheit von Licht, Finsternis, Fehlen von Wissen oder Aufklärung" definiert. Diese Definition fasst die Zeit zwischen Mitte August 2006 und Ende Dezember 2008 perfekt zusammen. In dieser Zeit bin ich total schwach und sowohl körperlich als auch mental sehr fragil. Mein Gehirn ist verwirrt und ich durchlaufe verschiedene Bewusstseins-Phasen. Manchmal bin ich klar, aber dann bin ich wieder unfähig, selbst die einfachsten Aufgaben und Aktivitäten zu begreifen. Oft ist mir nicht bewusst, wer ich bin, wo ich bin, und wer die Menschen sind, die mir am nächsten stehen. Ich bin verloren, so verloren. Es ist unglaublich schwer, über diese Zeit zu schreiben, da ich, ehrlich gesagt, nur wenig oder gar keine Erinnerung daran habe. Dieses Kapitel fällt also kurz aus.

Mein Leben und meine Tagesabläufe sind schnell zusammengefasst. Da ich nichts erklären kann und keine Fragen beantworten kann, bleibt meiner Familie nichts anderes übrig, als jeden Tag so zu nehmen, wie er kommt. Sie gehen auf meine jeweilige Verfassung ein. Meine Familie hört nicht auf, für mich zu kämpfen, Antworten zu suchen und mich bedingungslos zu lieben. Sie tun mir ehrlich leid. Ich lebe nicht; ich existiere grade noch so. Trotzdem kümmern sie sich um mich und bringen mir so viel Liebe und Unterstützung und Freundlichkeit entgegen. Die meisten denken jetzt vielleicht: *Das ist doch selbstverständlich. Dazu sind Familien doch da.* Aber mir ist bewusst, dass nicht alle Familien so sind. Die meisten werden irgendwann müde und sind mit einer solchen Ausnahmesituation auf Dauer einfach überfordert. Ich weiß aus eigener Erfahrung, dass das öfter passiert, als man denken würde.

Trotzdem sucht meine Mutter, da sie immer noch keine Antworten auf die Ursache meines Zustandes hat, überall nach Behandlungsmöglichkeiten, um ihre Tochter zurückzubekommen. Sie liebt mich bedingungslos und kümmert sich bewundernswert um mich. Meine Eltern und Geschwister versuchen, normal zu sein und zu einem Leben außerhalb des Krankenhauses zurückzukehren. Meistens kann ich bei ihnen zu Hause sein. Mein Zustand ist stabil und verschlechtert sich nicht; verglichen mit der Verfassung, in der ich vor nicht allzu langer Zeit noch war, ist das eine gewisse Entspannung. Meine Mutter sucht verschiedene Heilpraktiker auf und findet Möglichkeiten, meinen Körper am Leben und halbwegs stabil zu halten. Die Ärzte wissen immer noch nicht, was meinen Zustand ausgelöst hat, aber sie finden zumindest die Ursache für die Schmerzen. Es gibt kaum eine schlimmere Pein als Nervenschmerzen. Und genau an diesen Schmerzen leidet mein Körper. Nach mehreren Versuchen mit verschiedenen Medikamenten finden die Ärzte schließlich heraus, dass ein bestimmtes Medikament gegen die Symptome, die mich von Anfang an außer Gefecht gesetzt haben, hilft. Nach fast neun Monaten bin ich endlich schmerzfrei. Dass diese Qualen nun vorüber sind, ist für meine Familie eine große Erleichterung und macht mein Leben definitiv etwas leichter. Trotz meiner sehr hohen Schmerztoleranz bin ich unglaublich froh und erleichtert, dass ich das nicht mehr ertragen muss.

Die Schmerzen waren echt.

Ich war nicht verrückt.

Leider ist diese Erleichterung aber nur von kurzer Dauer.

Die Ärzte können immer noch nicht diagnostizieren oder erklären, was mit mir los ist. Und so lebt meine Familie mit der Ungewissheit und versucht ihr Möglichstes, damit mein Zustand stabil bleibt und sich nicht wieder verschlechtert.

Ich bin wie eine Zweijährige im Körper eines Teenagers. Menschen versuchen, mit mir zu sprechen; Freunde, die mich kennen, seit ich fünf war, sind für mich Fremde, weil sich mein kognitives Bewusstsein immer wieder ausschaltet. Oft sind mir sogar meine eigenen Familienangehörigen fremd. Ich bin eine vollkommen andere Person in einem Körper, der voller Erinnerungen an ein anderes Leben ist. Die Abläufe sind mechanisch, die Suche nach Antworten geht weiter, während ich immer noch in diesem fremden Körper gefangen bin.

Ich bin ein Geist.

Ich treibe.

Ich treibe davon.

In eine Welt, die ich nicht kenne.

Mit einem Leben, zu dem ich keinen Bezug habe.

Untersuchungen ergeben, dass die Blutgefäße in meinem Gehirn entzündet sind, aber die Ärzte können den Grund dafür nicht finden. Sie wissen auch nicht, wie man verhindern kann, dass es schlimmer wird. Doch genau das passiert. Ich bin eine tickende Zeitbombe. Und meine Familienangehörigen sind die wehrlosen Opfer.

Schlag eins.

Schlag zwei.

Schlag drei.

Das Spiel ist vorbei.

Nach ungefähr anderthalb Jahren schaltet sich mein Körper noch mehr ab.

Ich verliere ... die, die Kontrolle.

M-m-mein Körper reagiert nicht.

Ich spüre den Schraubstock wieder.

Plötzlich kehren die quälenden Kopfschmerzen mit rätselhaften Krämpfen zurück. Jeder Kopfschmerzattacke folgt ein Krampfanfall, der sich anfühlt, als würde ich vom Blitz getroffen.

Z, Z, Zaaaaaappp.

„Victoria, Victoria? Was fühlst du? Kannst du Mama bitte sagen, was los ist?"

Ich bin, ich bin, ich bin ...

Fort.

Meine Mutter will aufgrund unserer schrecklichen Erfahrungen unbedingt verhindern, dass ich wieder ins Krankenhaus komme. Sie versucht, mir nach Kräften zu helfen und sich um mich zu kümmern. Doch sie kann nicht verhindern, dass ich kurz darauf wieder in die Notaufnahme gebracht werden muss. Die Krampfanfälle und Kopfschmerzen und mein Gesamtzustand haben sich dramatisch verschlimmert. Ich werde stationär aufgenommen und weitere Untersuchungen werden durchgeführt. Die Ärzte erkennen sofort, dass etwas sehr Ernstes mit mir los ist. Deshalb soll ich in ein größeres Krankenhaus in Massachusetts verlegt werden. Ein Déjà-vu-Moment! Meine Eltern weigern sich, noch einmal in dieses Krankenhaus im Süden zu gehen. Deshalb wird entschieden, dass ich in eine Klinik im Norden verlegt werden soll. Dort werde ich sofort auf die Kinderintensivstation gebracht. Die Krampfanfälle kommen inzwischen alle paar Minuten, mein Pulsschlag schießt in die Höhe, und ich habe Schwierigkeiten zu atmen. Die

Ärzte wollen mehrere Untersuchungen durchführen, aber dazu müssen sie meinen Körper lahmlegen. Deshalb versetzen sie mich in ein künstliches Koma.

Dunkelheit.

Wieder.

5

Durchbruch und Befreiung

Januar 2009

Hallo?!

Niemand kann mich hören, aber ich kann die anderen plötzlich hören.

Ich bin wieder da.

Ich glaube, ich war richtig lange fort. Irgendwie gelingt es mir, die Puzzleteile zusammenzufügen und zu dieser Schlussfolgerung zu kommen. Aber warum?

Bin ich verrückt?

Ist das ein Traum?

Wird mich je jemand hören?

Werde ich ewig so gefangen sein?

Ich habe in kurzen Abständen immer wieder Krampfanfälle. Mein Gehirn ist verwirrt und müde. Aber ich nutze jeden Moment, in dem ich keine Krampfanfälle habe, um meinen Verstand zu gebrauchen. Ich frage mich, welcher Tag oder welcher Monat ist und wie alt ich bin. Ich weiß, dass ich im Krankenhaus bin, aber ich bin nicht sicher, wie lange ich schon hier bin. Schließlich bekomme ich durch gutes Zuhören und angestrengtes Beobachten meiner Umgebung einige Antworten.

Es ist Januar.

2009.

2009!!!

Das heißt, dass ich vierzehn bin!

Vierzehn!

Langsam dämmert es mir: Zwei Jahre sind vergangen, zwei kostbare Jahre. Diese Jahre werde ich *nie* zurückbekommen. In diesen Jahren hätte ich Feldhockey spielen, schwimmen, zur Schule gehen, mich entwickeln und – was am wichtigsten ist – einfach *leben* können. In diesen Jahren hätte ich ein Kind sein und das machen können, was Kinder so machen. Aber ich wache plötzlich auf und bin kein kleines Mädchen mehr. Alles hat sich verändert, aber ich war nicht bei Bewusstsein und konnte es nicht erleben. Ich kann mich nicht daran erinnern, dass sich etwas verändert hat. Es fühlt sich irgendwie an, als wäre ich gegen meinen Willen und ohne mein Zutun gezwungen worden, erwachsen zu werden. Wie konnte diese ganze Zeit vergehen, ohne dass ich irgendetwas davon mitbekommen habe?

Wer bin ich?

Was ist aus dem kleinen Mädchen geworden, an das ich mich vage erinnere?

Werde ich je zu dem Leben zurückkehren, das ich kenne?

Schlagartig erinnere ich mich an meine drei Brüder und an meine Eltern und frage mich, wie es ihnen wohl geht. Ist es ihnen gelungen, in dieser furchtbaren Zeit nicht den Verstand zu verlieren? Besuchen sie mich, auch wenn ich selbst nicht weiß, wo ich bin?

Ich komme zurück.

Versprochen.

Was ist auf der Welt passiert, während ich fort war? Was habe ich verloren, während das Leben ohne meine Beteiligung weiterging?

Wo sind meine Freunde?
Was ist mit der Schule?
Sehe ich überhaupt noch aus wie früher?

⁎

Ich kämpfe gegen die wachsende Unruhe, Angst und Verwirrung und versuche, meine Situation zu begreifen. Ich muss mich beruhigen; ich muss meine Gedanken sammeln und mich entspannen. Ich muss mich erinnern.

Ich bin hier.

Ich lebe.

Ich weiß, wer ich bin.

Ich erinnere mich an mein Leben und an meine Familie.

Moment mal.

Wo sind sie?

Was ist mit meinen drei Brüdern? Sie machen sich bestimmt große Sorgen. Ich würde so gern ihre Hände halten, sie anlächeln und ihnen sagen, dass ich wieder gesund werde und dass ich immer noch da bin. Ich bin nicht mehr fort. Sie sollen wissen, dass ich mich wirklich anstrengen werde, um zu ihnen zurückzukommen. In gewisser Weise ist es vielleicht ein Segen, dass ich nicht sehen kann, wie ich in diesem Bett liege und welchen Anblick ich dabei biete. Innerlich fühle ich mich furchtbar und kann mir vorstellen, dass ich äußerlich sogar noch schrecklicher aussehe. Ich liebe meine Geschwister so sehr und will nicht, dass sie sich aufregen oder Angst haben. Ich kann die Schläuche fühlen, an denen ich hänge. Welchen erbärmlichen Anblick ich wohl abgebe? Aber obwohl ich mich so übel fühle, sehe ich die bunten Karten, Poster und Bilder an meinen Wänden. Und die Schmetterling-Luftballons, die am

Ende meines Bettes hängen. Ich vermute, dass ich im Krankenhaus bin, aber irgendwie erinnert mich dieses Zimmer auch an zu Hause.

Ich vermisse mein Zuhause so sehr.

Meine Brüder besuchen mich tatsächlich. Ich bin mir jetzt ziemlich sicher, dass sie mich die ganze Zeit besucht haben. Nach und nach erlebe ich, wie jeder von ihnen mit meiner Situation umgeht. William ist der Sensible; das war er schon immer. Seit wir klein waren, habe ich mich um ihn gekümmert und auf ihn aufgepasst. Ich habe im Kindergarten seine Nase abgewischt und wir haben zusammen Streethockey gespielt. William und ich haben immer wie Pech und Schwefel zusammengehalten. Ich spürte, wenn er aufgewühlt war, und ich wusste immer, wie ich ihm helfen konnte.

Er braucht mich jetzt mehr als je zuvor und ich kann ihm nicht helfen.

Jedes Mal, wenn mich William besucht, kriecht er zwischen die Drähte und Schläuche und umarmt mich liebevoll. Er ist still und spricht kaum ein Wort. Ich weiß, dass er schweigt, weil er erschüttert ist, aber das nicht zeigen will.

William, es ist okay.

Ich werde wieder gesund.

Wir werden bald Streethockey spielen.

Versprochen.

Cameron ist der Extrovertierte; wir haben ihn immer „Herr Bürgermeister" genannt. Er ist so freundlich und glücklich und wunderbar. Wenn er etwas fühlt, sagt er es. Egal, ob er ärgerlich oder glücklich ist, bei Cameron weiß man immer, woran man ist. Er ist stark und positiv, selbst in dieser schrecklichen Phase. Obwohl er am Boden zerstört ist, sagt er meiner Mutter und mir immer wieder, wie schön ich sei. Jedes Mal, wenn er mich besucht, beugt er sich über mein Bett, streichelt meinen Kopf und sagt: „Siehst du, wie schön sie ist? Ist sie nicht schön?"

„Schön" ist das letzte Wort, mit dem ich beschreiben würde, wie ich mich fühle.

„Gruselig" wäre wohl die passendere Bezeichnung.

Aber danke, Cammy.

Obwohl er eine tapfere Miene aufsetzt, hat auch Cameron seine traurigen Momente. Manchmal bricht er einfach in Tränen aus, weil ich nicht da bin und ihm nicht sage, dass er keine Extraportion Tater Tots[1] bekommt. Mein Cam hat „Tater Tots" immer geliebt, und wenn er sich in der Schule ein warmes Essen holte, habe ich ihm immer gesagt, dass er sich keinen Nachschlag holen soll, weil sie nicht gut für ihn sind.

Cameron, du darfst deine Extraportion haben.

Bis ich zur Schule zurückkomme.

Ich komme zurück, versprochen.

Dann ist da mein älterer Bruder, LJ; er studiert jetzt wahrscheinlich schon. Er ist sechs Jahre älter als ich. Dann müsste er ja inzwischen zwanzig sein!

Zwanzig!

Er ist jetzt ein Erwachsener!

Er war seit meinem ersten Tag mein Beschützer und ein echter großer Bruder. LJ hat immer auf uns Drillinge aufgepasst, aber für mich schien er eine besondere Schwäche zu haben. Als ich klein war, spielte er mit mir sogar Puppen und ist Karussell mit mir gefahren. Er hat immer gesagt: „Keine Angst, Tors, ich werde dich beschützen." Als meine Krankheit begann, war er erst siebzehn. Später erfahre ich, dass er über Nacht erwachsen werden und

---

1 Amerikanische Kartoffelkroketten.

helfen musste, auf meine Brüder aufzupassen, während sich meine Eltern um mich kümmerten.

Als ich noch zu Hause war, kam es oft vor, dass sich mein Zustand mitten in der Nacht verschlechterte und meine Eltern in LJs Zimmer liefen und ihm sagten, dass er sich um „die Jungs" kümmern und dafür sorgen solle, dass sie am nächsten Morgen pünktlich zur Schule gingen. Dann fuhren sie mit mir zur Notaufnahme und LJ wusste nie, ob ich wieder mit nach Hause kommen würde oder nicht. Trotzdem hat er sich in der Schule angestrengt und war für mich und unsere Familie stark. Aber es gab auch Zeiten, in denen er nicht mehr konnte: Eines Tages warf er sich über mein Bett, weinte herzzerreißend und fragte Mama: „Wird sie sterben?"

Es tut mir so leid, LJ.

Kein großer Bruder sollte eine solche Last tragen müssen.

Ich werde kämpfen.

Versprochen.

Wir werden das überstehen.

Um LJ mache ich mir die größten Sorgen. Er war in der Schule auf sich allein gestellt und musste über Nacht erwachsen werden. Ich bin sicher, dass er wie jeder Teenager seine eigenen Fragen und Kämpfe hatte, aber er musste stark sein und weiterkämpfen – oft ohne meine Mutter und meinen Vater, weil sie bei mir waren. Ich bete oft für LJ und bitte Gott, auf ihn aufzupassen. Gott hat dieses Gebet erhört in Form seiner Freundin, Liz. Sie ist sein Fels, liebt ihn sehr und gibt ihm Kraft. Sie mag nicht nur LJ, sie mag uns alle.

Liz ist selbstlos und freundlich und immer für meinen Bruder, meine Familie und mich da. Manchmal hält sie uns alle zusammen und gibt uns Kraft. Wir kämpfen alle, und Liz hat sich unserer Kampftruppe angeschlossen.

Danke, Liz.

Du kennst mich eigentlich nicht, aber ich habe dich kennengelernt.

Ich liebe dich und kann dir nicht genug danken.

Und LJ: Du solltest dieses Mädchen heiraten!

(Ich hätte nie gedacht, dass mir je ein Mädchen gut genug für LJ sein würde. Ich beschütze ihn wie eine Bärin.)

Meine drei Brüder sind so selbstlos und stark, dass es mir manchmal die Sprache verschlägt. (Mir hat es ja tatsächlich längst die Sprache verschlagen, aber sie erstaunen mich so sehr, dass ich jetzt auch innerlich sprachlos bin.) Unsere Eltern haben uns nicht zu Schwächlingen erzogen, aber diese Jahre mit mir durchzumachen, muss unglaublich beängstigend und schrecklich sein. Sie sind so stark, obwohl sie noch so jung sind. Ihre Stärke gibt mir Kraft.

Sie kämpfen für mich.

Sie leben für mich.

Sie glauben an mich.

Vermutlich ist einem Menschen nicht bewusst, wie stark er ist, bis ihm nichts anderes übrig bleibt, als stark zu sein. Die Stärke meiner Familie ist unerschütterlich. Natürlich weiß ich, dass sie erschöpft sind und Angst haben und dass ihnen vor einer Zukunft ohne mich graut, aber diese Gefühle zeigen sie mir nie. Obwohl sie kein Anzeichen sehen, dass ich noch da bin, weigern sie sich zu glauben, dass ich fort bin.

Das Leben ist weitergegangen.

Selbst in den schlimmsten Zeiten bewahrt sich meine Familie eine überströmende Freude und Liebe, die sie mir unablässig zeigen. Ich habe immer perfekt manikürte Fingernägel und pedikürte Zehennägel, ich trage die coolste Kleidung (danke, William!), und werde liebevoll umsorgt.

Ich bin immer noch ich, nur in einer etwas veränderten Version.
Aber ich bin hier.
Ich lebe.
Und ich bin bei meiner Familie.
Sie lieben mich. Und ich liebe sie.
Liebe besiegt alles.

Zu wissen, dass meine Familie mich so treu und leidenschaftlich liebt, nimmt mir ein wenig meine Sorgen und Angst. Ich habe mich nicht vollkommen aufgelöst. Ich bin nicht verschwunden. Ich habe meinen Verstand. Mein Hirn funktioniert. Damit kann ich arbeiten, und damit kann ich leben. Obwohl niemand weiß, dass das so ist, weiß wenigstens *ich*, dass ich da bin. Meine Familie verlässt mich nicht und gibt mich nicht auf.

Das ist ein Kampf.
Und er ist noch lange nicht vorbei.

Im Gegensatz zu der unerschütterlichen Hoffnung meiner Familie betreten die Ärzte und Pfleger immer mit ernsten Mienen mein Zimmer. Ihre Prognosen sind düster. Sie sehen keine Zukunftschancen für mich. Ich höre, wie sie meiner Familie sagen:

„Es ist zu spät."

„Wir können nichts machen."

„Höchstwahrscheinlich wird sie nie wieder aufwachen."

„Sie müssen sich auf die Möglichkeit einstellen, dass sie stirbt."

„Falls sie überlebt, wird sie nicht gehen, sprechen, essen oder sich bewegen können und rund um die Uhr auf Hilfe angewiesen sein."

Sie haben keine Ahnung, dass ich *alles* hören kann.

ICH BIN IMMER NOCH DA!!!
Ich bin hier und ich habe Angst.
Ich will nicht sterben.

Bitte lasst mich nicht sterben.

Ich hatte doch noch gar nicht Gelegenheit zu leben.

In Gedanken bin ich am Winnipesaukee-See, an meinem absoluten Lieblingsplatz am Wasser. Die Stelle wird *Broads* genannt; sie ist der größte Teil des Sees. Der Blick ist atemberaubend; im Wasser spiegelt sich der Sonnenschein. Majestätische Berge erheben sich in der Ferne. Der Wind weht, und ich kann sogar fühlen, wie meine Haare mein Gesicht kitzeln. Ich bin mit meiner Familie auf dem Boot. Wir sind glücklich, wir freuen uns und lachen. Für einen kurzen Moment – einen ganz kurzen, aber unglaublich starken Moment – ist alles perfekt, und mir geht es gut.

Diese Tagträume werden meine Zuflucht und mein Rettungsseil. Eine Erinnerung, dass es außerhalb dieser Krankenhausmauern und außerhalb dieses schmerzlichen Gefängnisses, aus dem ich nicht entfliehen kann, ein Leben gibt, um das es sich zu kämpfen lohnt. Meine Träume variieren von Tag zu Tag. Manchmal bin ich Reporterin bei den X-Games oder Filmschauspielerin oder beim Skifahren oder Laufen. Jedenfalls irgendwo ganz weit weg von diesem Krankenhauszimmer. An anderen Tagen tanze ich in meiner Lieblingsfernsehshow, *Dancing with the Stars*. Ich kann mir die glitzernden Kleider, die hohen Absätze und die verschiedenen Tänze vorstellen. Ich habe immer gerne getanzt, und ich würde so gern selbst mal wieder über die Tanzfläche wirbeln, Musik hören und frei sein. Außerdem schreibe ich in Gedanken Theaterstücke; ich erfinde Geschichten und Personen, die mich faszinieren und ablenken. So bereite ich mich auf das Leben vor, das ich jenseits dieses Krankenbetts führen möchte.

Statt mich auf meine Schmerzen zu konzentrieren, fokussiere ich mich auf mein Leben und darauf, wer ich eines Tages sein will. Ich konzentriere mich darauf zu leben und irgendwann alle diese

Dinge tatsächlich tun zu können. Denn wenn ich mich gedanklich nur mit dem Ort beschäftige, an dem ich jetzt bin, weiß ich nicht, wie lang ich überleben werde. Ich *muss* mir in meiner Fantasie die aufregenden Abenteuer, die mich erwarten, vor Augen malen. Jeden einzelnen Tag, an dem ich diese entsetzlichen, schmerzhaften Krampfanfälle und die Kopfschmerzen, die meinen Körper grausam quälen, überstehe, bin ich meinem Ziel, den Durchbruch zur Freiheit zu schaffen und das unglaubliche Leben zu führen, das ich mir ausgemalt habe, einen Schritt näher. Deshalb laufe ich oft vor den negativen Gedanken weg, die versuchen, mein Gehirn zu beherrschen. Das ist ja auch alles, was ich noch habe: meine eigenen Gedanken und viel Zeit zum Denken. Sehr viel Zeit zum Denken.

Hör nicht auf zu träumen.

Hör nicht auf zu glauben.

Um mich nicht auf negative Gedanken einzulassen – die richtig schnell richtig beängstigend werden –, beschließe ich, mich auf das zu konzentrieren, wofür ich dankbar bin.

Du denkst jetzt wahrscheinlich: *WOFÜR könnte ich in meiner Lage noch dankbar sein?* Mein Leben ist völlig kaputt und ich liege hier und bin in meinem eigenen Körper gefangen. Ich kämpfe ständig gegen den Drang aufzugeben. Aber trotz der hoffnungslosen Prognosen, die ich immer wieder höre, kann ich vieles finden, für das ich dennoch dankbar bin. Angefangen bei der einfachen Tatsache, dass mein Hirn jetzt wieder so gut arbeitet, dass ich denken kann. Je mehr ich nachdenke, umso länger wird die Liste.

Ich bin nicht tot, oder? Das ist ein GROSSER Sieg!

Wenn der erste Punkt auf deiner Dankbarkeitsliste lautet, dass du *nicht tot* bist, dann weißt du, dass du wirklich ganz unten angekommen bist. Und hey, das ist auch so! Aber es ist ein Anfang – ein guter Anfang. Dann beginne ich, darüber nachzudenken, wie sich dieses schlichte Krankenhauszimmer in eine Art „Zuhause" verwandelt hat. Ob in der Klinik oder daheim: Jeder Ort ist von Liebe erfüllt. Ich habe Tag und Nacht meine liebevolle Familie um mich, die sich hundertprozentig um mich kümmert.

Aber die Realität versetzt mir häufig einen Schlag ins Gesicht, und manchmal ist es wirklich sehr schwierig, dankbar zu sein. Ich bin Gefangene in meinem eigenen Körper. Alles ist wie abgetrennt. Mein Körper fühlt sich nicht an, als würde er zu mir gehören. Ich versuche, mit dem Finger zu wackeln. Nichts. Ich versuche, die Augen zu bewegen, um aus dem Fenster zu sehen. Nichts. Ich kann nur geradeaus starren. Ich habe keine Kontrolle über meine Augen, und mein Blick ist oft verschwommen. Ich versuche, den Mund aufzumachen und zu schreien. Nichts. Es fühlt sich an, als bekäme ich ständig starke Stromstöße verpasst. Später werde ich erfahren, dass meine Nerven aufgrund von Bewegungsmangel falsche Impulse abgeben und dass in meinem Nervensystem, in meinem Rückenmark und in meinem Gehirn deshalb ein Krieg wütet.

Atme.

Atme einfach.

Finde deinen Platz, geh zum See.

Vergiss, vergiss einfach alles für einen Moment.

Atme! Ich weiß, dass es wehtut, aber atme.

Wenn die Krampfanfälle allerdings so richtig zuschlagen, kann ich nicht mal mehr atmen. Mein Körper krümmt sich, Maschinen pfeifen und ich fühle mich, als würde ich vom Blitz getroffen. Ich will das Bewusstsein ausschalten und diesen Qualen entfliehen, aber mir bleibt nichts anderes übrig, als die Schmerzen zu ertragen. Wenn die Krämpfe nachlassen, rast mein Herz und in meinem Kopf dreht sich alles. Mein Körper kämpft unablässig gegen sich selbst. Es ist ein grausamer, furchterregender Teufelskreis. Ich werde ständig unter Wasser gezogen und komme nie ganz zurück an die Oberfläche.

Wie kann ich so leben?

Wie kann ich aus diesem Gefängnis ausbrechen?

Ich brauche ein Wunder.

Bitte, Gott.

Ich brauche ein Wunder.

6

Aufwachen und zurück in die Hölle

September 2009 bis November 2009

Ich brauche etwas – irgendetwas –, das den anderen zeigt, dass ich immer noch in diesem Körper bin. Aber die Krampfanfälle kommen fast ununterbrochen, und ich habe nun kaum mehr eine Verschnaufpause, in der ich versuchen könnte, meiner Familie ein Zeichen zu geben. Trotz meines starken Lebenswillens schwindet meine Hoffnung wieder. Denn mein Überlebenswille bekommt keine Nahrung mehr.

Viel schlimmer kann es nicht mehr werden.

Es ist mein 15. Geburtstag – der 26. September. Meine Familie hat mein Zimmer mit Luftballons und Karten geschmückt und sogar „Happy Birthday" gesungen. Aber der Tag ist alles andere als glücklich. Ich spüre, dass alle müde und erschöpft sind. Es liegt nun fast vier Jahre zurück, dass Geburtstage in meiner Familie etwas Fröhliches waren.

Werde ich bis zu meinem nächsten Geburtstag durchhalten?

Obwohl ich immer noch schwer krank bin und die Krampfanfälle mich unablässig quälen, haben mich meine Eltern nach Hause geholt. Die Ärzte sind mit ihrem Latein ohnehin am Ende und haben wenig bis gar keine Hoffnung, dass ich wieder gesund werde. „Aussichtsloser Fall" ist das immer wiederkehrende Motto.

Meine Familie ist zwar stark, aber inzwischen müde. Und ich bin es leid zu kämpfen und habe es satt, krank zu sein. Abgesehen davon, dass ich nun in unserem zum Krankenzimmer umfunktionierten Wohnzimmer lebe, besteht nicht viel Grund zur Hoffnung. Für mich ist mein Geburtstag nur ein Zeichen, dass wieder ein Jahr vergangen ist, in dem ich gefangen war, wieder ein Jahr, in dem ich zugesehen habe, wie sich die Welt ohne mich weiterdreht.

Aber heute, an meinem Geburtstag, besucht mich jemand, der mir einen neuen Hoffnungsschimmer gibt.

„Gott wird sie zu seiner Zeit heilen", sagt Pater Bashobora. Während ich den Gesprächen um mich herum lausche, erfahre ich, dass unzählige Menschen auf der ganzen Welt für mich beten und dass sich meine verzweifelte Situation herumgesprochen hat.

Eine Frau aus einer Gemeinde bei uns am Ort hatte meine Leidensgeschichte gehört und sie Pater Bashobora erzählt, der Menschen durch Gebet heilt. Er ist gerade in unserer Stadt, um in ihrer Ortsgemeinde Vorträge zu halten und für Kranke zu beten. Gott hat durch Pater Bashobora auf der ganzen Welt schon tausende Menschen geheilt. Als er meine Geschichte hört, fragt er, ob ich in die Kirche kommen könne, damit er auch mit mir beten könne. Die Frau erklärt ihm die Situation und macht ihm klar, dass ich nicht stabil genug sei, um mein Krankenbett zu verlassen. Deshalb beschließt er, mich zu Hause zu besuchen.

Pater Bashobora macht normalerweise keine Hausbesuche. Aber jetzt, an meinem 15. Geburtstag, ist er hier und betet mit meiner Familie und mit mir. Zu diesem Zeitpunkt treten die Krampfanfälle alle zwei bis fünf Minuten auf. Ich habe also regelmäßig diese Krämpfe und kann nicht immer hören, was Pater Bashobora sagt. Aber ich kann eine unendliche Liebe und ein warmes Licht fühlen, und ich weiß tief in meinem Herzen, dass das ein Geschenk von Gott ist. Er sagt immer wieder: „Gott wird sie zu seiner Zeit heilen." Seine Worte sind die ersten hoffnungsvollen Worte, die meine Familie und ich seit sehr langer Zeit hören. Alle anderen sprechen nur von Trauer und Traurigkeit und wagen es nicht, von Hoffnung zu sprechen.

Was wir brauchen, ist ein Wunder. Wir brauchen dringend einen Hoffnungsschimmer.

Nicht lange nach seinem Besuch wird mein Gesundheitszustand noch schlechter und die Krampfanfälle werden sogar noch schlimmer. Meine Eltern bringen mich erneut ins Krankenhaus und ich werde stationär aufgenommen. Mein Zustand ist zu instabil für eine Betreuung zu Hause. Da sie keine andere Möglichkeit sehen, fangen die Ärzte in der neuen Klinik ebenfalls an, mich für „verrückt" zu erklären. Ich bin tief frustriert, aber meine Eltern sind noch viel verzweifelter. Wir müssen diesen Kampf erneut ausfechten. Trotz auffälliger Untersuchungsergebnisse und ganz offensichtlicher neurologischer Ausfälle werde ich von einem „Facharzt" immer noch als verrückt abgetan. Wenn Ärzte *keine* Ahnung haben, wie sie einem helfen können oder was die Ursache für bestimmte Symptome ist, gehen sie anscheinend davon aus, dass man verrückt wäre. Unglücklicherweise folgt mir der Ruf, ich sei verrückt, überallhin. Überallhin.

Ich will einfach nach Hause.

Keine Krankenhäuser mehr.

Bitte.

Während meines langen Aufenthalts dort wird schließlich doch etwas diagnostiziert: Transverse Myelitis (TM), eine neurologische Erkrankung, die zu Entzündungen und Schädigungen des Rückenmarks führt. Wenn die Nervenzellen geschädigt sind, können sich die verschiedenen Bereiche des Körpers keine Informationen mehr schicken. Die Schwere meiner Erkrankung macht es unmöglich, dass mich meine Familie weiterhin zu Hause pflegen kann. Das neue Ärzteteam ist sich einig, dass ich in einem Rehabilitationszentrum untergebracht werden sollte, wo ich rund um die Uhr versorgt werde. Meine Mutter ist völlig erschöpft, und man bedrängt sie, sich eine Pause zu gönnen. Die Krampfanfälle lassen nicht nach und nehmen weiterhin unkontrollierbare Ausmaße an.

Ich bin und bleibe ein „hoffnungsloser Fall".

Man kann nichts mehr machen.

Also werde ich in die Reha-Klinik in New Hampshire gebracht, in der ich ganz am Anfang meiner Krankheit schon einmal behandelt wurde. Meine ersten Erfahrungen hier waren positiv. Aber ab dem Moment, als ich im Herbst hier ankomme, habe ich ein ungutes Gefühl. Furcht beschleicht mich. Nein, mehr noch: Ich habe richtig Angst.

Hier stimmt etwas nicht.

Das Pflegepersonal redet auf meine Mutter ein, dass sie sich eine Pause gönnen solle.

Bitte lass mich hier nicht allein!

Sie bleibt trotzdem bei mir und spricht mit Pflegern, Ärzten und Therapeuten. Bei den Gesprächen mit meiner Mutter klingen sie nett und fürsorglich, aber mir gefällt nicht, wie sie sie bedrängen, dass sie mich hierlassen und in ein Gebäude in der Nähe ziehen soll, in dem Angehörige von Patienten für die Dauer des Klinikaufenthalts wohnen können. Außerdem habe ich kein Einzelzimmer. Das benutzen sie ebenfalls als Argument, warum meine Mutter nicht bei mir bleiben könne. Sie ist bei keinem meiner früheren Krankenhausaufenthalte von meiner Seite gewichen, hat sich um mich gekümmert und war meine Stimme und mein Anwalt. Ich bin völlig sprachlos, wehrlos und verwundbar, und sie ist immer mein Sprachrohr und meine Beschützerin. Da ich weiß, dass sie immer noch da ist, mache ich mir keine allzu großen Sorgen. Doch dann …

Wo bist du?

Ich wache in der ersten Nacht auf und stelle fest, dass meine Mutter nicht bei mir ist. Sie lag neben mir, als ich einschlief. Ich vermute, dass sie schließlich auf die Ärzte und Pfleger gehört hat und mich allein gelassen hat, um in dem Haus für Patientenangehörige eine Weile zu schlafen. Ich gerate in Panik.

Nein, nein, nein.

Ich weiß, dass meine Mutter erschöpft ist und Zeit braucht, um aufzutanken und zu schlafen. Einerseits verstehe ich, warum sie mich allein gelassen hat, aber gleichzeitig bin ich von ihr enttäuscht, weil sie das getan hat. Ich weiß nicht, dass die Ärzte und Pfleger ihr nicht erlauben, rund um die Uhr bei mir zu sein. Und ich weiß auch nicht, dass sie in den wenigen Stunden, die sie nicht bei mir ist, alles Menschenmögliche versucht, um mir zu helfen. Sie spricht mit den verschiedensten Therapeuten und entwirft einen Plan, wie ich wieder zu Kräften kommen könnte. Sie lässt nichts unversucht, um mir zu helfen. Das einzige Problem ist, dass ich davon keine Ahnung habe und deshalb sauer auf sie bin. Dabei sollte ich dankbar sein. Das macht das Leben vermutlich oft so verrückt. Du machst die Hölle durch und denkst, du wärst allein, obwohl die Menschen, die du am meisten liebst – und von denen du denkst, sie hätten dich im Stich gelassen –, nach Kräften kämpfen, um dir zu helfen. Das macht meine Mama. Sie ringt darum, dass sich mein Zustand bessert.

Hör nicht auf zu kämpfen.

Die Pfleger, Schwestern und Therapeuten werden schnell herablassend, aggressiv und gemein zu mir. Sie verspotten mich und

bezeichnen mich als „verrückt", „Platzverschwendung", „Heul-
suse", „Hypochonder", „dumm", „hässlich" und „nutzlos", um nur
einige ihrer Beleidigungen zu nennen. Es gab auch einige Be-
schimpfungen, die ich hier nicht wiedergeben kann, da dieses Buch
jugendfrei sein soll. Sie schlagen mich, bewegen mich abrupt und
fügen mir damit Schmerzen zu. Gleichzeitig sagen sie mir gemeine
und verletzende Dinge ins Gesicht. Wegen meiner Krampfanfälle
fixieren sie meine Arme. Ich werde so fest angebunden, dass meine
Finger taub werden, weil sie nicht mehr richtig durchblutet werden.

Hilfe! Kann mir bitte jemand helfen!

Bitte!

Ich würde so gern sprechen und schreien! Wenn meine Familie
zu Besuch kommt, schaltet das Pflegepersonal sofort um und gibt
sich fürsorglich und liebevoll und sagt, wie „gut ich mich mache".
Innerlich schreie ich aus voller Kehle.

Bitte helft mir!

Sie lügen!

Hört nicht auf sie!

BITTE!

Ich fühle mich nicht nur körperlich und verbal misshandelt, ich
werde auch vernachlässigt. Das Pflegepersonal interessiert sich oft
nicht dafür, dass meine Blase voll ist, und lässt mich liegen, bis
ich das Gefühl habe, meine Blase würde jeden Moment platzen.
Meine Ernährungspumpe ist falsch eingestellt. Dadurch bekomme
ich Magenkrämpfe und muss mich übergeben. Statt mich sauber
zu machen und mir zu helfen, lässt man mich in meinem Erbro-
chenen liegen.

Meine Mutter besucht mich jeden Tag, aber sie hat nicht die
geringste Ahnung, was hier abläuft. Solange sie da ist, zeigt sich

das Krankenhauspersonal von seiner besten Seite. Aber wenn sie weg ist, meistens am späten Abend oder manchmal auch mitten am Tag, dann bricht die Hölle los. Ich bin es gewohnt, frustriert zu sein, aber meine Wut auf meine Mutter ist neu. Ich will sie einfach nur *anschreien*.

Warum lässt du mich hier allein?!

Weißt du denn nicht, was sie mir hier antun?!

Ich war noch nie zuvor wirklich wütend auf jemanden – außer auf F in der Psychiatrie. Und ich hätte mir nie vorstellen können, dass ich ausgerechnet auf die Person zornig werden könnte, die ich am meisten liebe: meine Mama. Aber ich habe von meiner Situation und von den Misshandlungen so die Nase voll, dass ich in Gedanken auf sie losgehe. Sie hat nichts falsch gemacht, sie hat nur ein paar Stunden geschlafen und diesen Schlaf hatte sie ganz sicher dringend nötig. Und es ist nicht einmal ihre Entscheidung, dass sie nicht die ganze Zeit bei mir sein kann. Sie will ja an meiner Seite bleiben, aber das Pflegepersonal lässt sie nicht. Die ganze aufgestaute Frustration kocht schließlich über. Ich bin so *wütend!*

Mir reicht's!

Ich habe die Nase voll.

In meinem Zorn fange ich an aufzugeben. Ich höre auf, von der Zukunft zu träumen, und habe keine Energie mehr, um dankbar zu sein. Ich fühle mich als Opfer. Es ist ein schreckliches Gefühl, misshandelt zu werden und hilflos zu sein. Ich werde immer wieder verletzt und kann mich nicht dagegen wehren oder es jemandem sagen.

Ich schreie in meinem Kopf zu Gott. Der Glaube war immer meine Zuflucht, aber jetzt bringe ich keinen Glauben mehr auf, um noch einmal weiterzukämpfen. Stattdessen bin ich auf alles und auf jeden wütend. Besonders auf Gott.

Wie kannst du zulassen, dass das so weitergeht?

Mach, dass es aufhört, bitte!

Kannst du mich überhaupt hören?

Warum hast du mich verlassen, Gott?!

Diese Wut ist unangenehm und belastend und sie schürt meine Resignation und meinen verzweifelten Wunsch zu sterben.

Ich halte das nicht mehr aus.

Ich habe genug.

Tschüs.

Lass mich gehen.

Ein Tag nach dem anderen vergeht. Wenn meine Familie zu Besuch kommt, fragen sie, warum mir Tränen übers Gesicht laufen und warum ich so aufgewühlt wirke. Das Pflegepersonal tischt erfundene Gründe auf und führt sie weiter in die Irre. Ich will meine Familie nicht einmal mehr ansehen. Obwohl es nicht ihre Schuld ist, bin ich immer noch wütend auf sie. Ich bin auf alles und jeden zornig.

Bitte geht einfach.

Bitte.

Ich will keinen von euch sehen.

Lasst mich einfach in Ruhe.

Aber auch wenn ich auf meine Familie sauer bin, sind es ihre Besuche, die mich letztlich davon abhalten, gänzlich aufzugeben und sterben zu wollen. Durch ihre Liebe und ihren Einsatz für mich bin ich zwischen Gehen und Bleiben hin- und hergerissen.

Innerlich löse ich mich Schritt für Schritt von der Welt und von meiner Familie. Ich bereite mich darauf vor, zu sterben. Mein innerer Widerstand, diese Welt und alle, die ich liebe, zu verlassen, schwindet. Ich kann nicht mehr und *weigere mich,* das noch länger auszuhalten. Ich bin völlig leer. Erneut bete ich, dass mein Tod schnell und schmerzlos ist, was bei den starken Schmerzen, die ich bereits habe, jedoch unwahrscheinlich ist. Jedes Mal, wenn ich die Augen schließe, bete ich, dass ich nie wieder aufwache. Und ich bete, dass Gott barmherzig ist und mich aus dieser Hölle herausholt, in der ich gefangen bin.

Bitte hol mich einfach von hier weg.

Bitte!

In dieser ganzen Zeit kann ich nicht richtig schlafen. Die Nacht ist nicht mein Freund. Meine häufigen Krampfanfälle rauben mir die Ruhe, die ich dringend bräuchte. Die einzige Erholung bekomme ich, wenn mein Körper irgendwann doch vor Erschöpfung wegdämmert. Aber jedes Mal, wenn ich aufwache, stelle ich entmutigt fest, dass ich immer noch hier bin.

In einer Nacht scheint noch jemand fest entschlossen zu sein, meinen Todeswunsch Realität werden zu lassen.

In dieser Nacht werde ich von einem starken Krampfanfall unsanft aus dem Schlaf gerissen. Unerträgliche Schmerzen und brutale Muskelkontraktionen schütteln meinen Körper. Als die Krämpfe nachlassen, bin ich verwirrt und versuche, meinen Körper dazu zu bewegen, sich zu entspannen, damit ich vielleicht noch ein paar Stunden schlafen und noch ein wenig länger die schreckliche Realität ausblenden kann. Meine Augen fallen zu und ich fange an einzudösen und bete gleichzeitig im Halbschlaf.

Bitte lass mich einfach gehen.

Gott, hab Erbarmen und setz diesen Schmerzen ein Ende.

Bitte.

Plötzlich höre ich ein Rascheln irgendwo im Zimmer. Bevor ich Zeit habe, klar zu denken, packen zwei Hände meinen Hals. Die unbekannten Hände fangen an, meine Kehle zuzudrücken, mich zu rütteln und meinen Körper nach unten zu drücken. Mein Kopf fliegt hin und her, während die Luft langsam aus meinem Brustkorb weicht. Ich habe das Gefühl zu ertrinken. Meine Lunge ringt verzweifelt um Sauerstoff. Ich versuche zu schreien, aber ohne Erfolg.

H...I...L...F...E...

Ich will mich bewegen, aber ich kann nicht. Ich will diese Hände von meinem Hals wegreißen, aber ich bin gefangen. Ich versuche, bei Bewusstsein zu bleiben, aber meine Augen fühlen sich an, als würden sie aus meinem Kopf gedrückt. Dann höre ich eine durchdringende, zischende Frauenstimme: „Ich bringe dich um, du Sch***!" Die Stimme zischt das immer wieder. Es klingt wie das Mantra einer Besessenen.

Sie bringt mich um.

Je mehr sie zudrückt, umso lauter und eindringlicher wird ihr Zischen. Obwohl ich noch wenige Momente zuvor den Tod herbeigesehnt habe, wünsche ich mir jetzt verzweifelt, dass mich etwas – irgendetwas – aus diesem Todesgriff befreit. Mein Herz rast und mein Körper windet sich und verkrampft sich auf der Suche nach Sauerstoff.

Luft!

Ich BRAUCHE Luft!

Als ich denke, dass ich es nicht länger aushalte, erfüllt mich plötzlich ein ungewohnter Friede. Ich höre auf zu kämpfen und mein Körper beginnt, sich zu entspannen. Ich stelle mich auf den Tod ein. Ich werde vollkommen ruhig.

Meinetwegen, mach schon!

Setz dem Ganzen ein Ende!

Bitte.

Ich kann nicht mehr.

Bitte, lass mich einfach frei sein.

Von ALLEM.

80

Ich bin völlig leer.

Ich fange an, den Tod wie einen Freund, den ich vor einigen Jahren kennengelernt habe, zu begrüßen. Was zu viel ist, ist zu viel. Ich kann nicht anders und denke, dass dies die Erhörung des Gebets ist, das ich schon so lange bete. Ich will einfach nur frei sein. Anscheinend ist der Tod mein einziger Ausweg. Denn zu überleben bedeutet, in meinem eigenen Körper gefangen zu sein. Zu sterben bedeutet, aus diesem Gefängnis befreit zu werden, in dem ich seit fast dreieinhalb Jahren eingesperrt bin. Damals auf der psychiatrischen Station habe ich mich immer und immer wieder gegen diese Todessehnsucht gewehrt und konnte sie mit Gottes Hilfe überwinden, aber jetzt kann ich nicht mehr kämpfen. Die ganzen Schmerzen, das Leiden und meine Hilflosigkeit haben mich schließlich eingeholt. Jetzt bin ich bereit, alles zu beenden. In diesem Moment, in dem ein riesiger Kampf stattfindet, bin ich allein. Ich habe die Nase voll, noch länger zu leiden. Sogar die allgegenwärtige Angst ist verschwunden. Ich habe das Gefühl, dass ich mich von meiner Familie verabschiedet habe. Ich will nicht mehr kämpfen und auch nicht mehr leben.

Ich will nur …

ATMEN!

Plötzlich lässt der Griff nach und ich japse nach Luft wie nie zuvor in meinem Leben. Während mein Körper versucht, sich zu erholen, gehen meine Augen gerade rechtzeitig auf, dass ich die Person, die mich beinahe getötet hat, sehen kann. Sie ähnelt seltsamerweise einer Stoffpuppe, sieht aber viel grobschlächtiger aus als eine Puppe. Sie hat meine Lieblingsfrisur – zwei französische Zöpfe. Ich hätte nie erwartet, dass ausgerechnet die Frau, die versucht hat, mich umzubringen, ihre Haare *so* trägt.

Im nächsten Moment ist sie fort.

Ich werde nie erfahren, was diese Frau zu diesem Mordanschlag veranlasst hat und warum sie mich plötzlich losgelassen hat und gegangen ist. Aber eine wichtige Lektion habe ich gelernt:

Vertraue niemandem.

Ich weiß, dass ich eine Familie und weitere Menschen habe, die mich lieben, aber ich will meine Geburtstage, Weihnachten und meine Jugendjahre nicht *so* verbringen. Schließlich begreife ich meine Situation: Ich sehe zu, wie die Welt ohne mich weitergeht. Die Menschen werden älter und erwachsen und sie vergessen, dass ich nach wie vor im eigenen Körper gefangen vor mich hinvegetiere. Das ist keine Art zu leben! Ich will frei sein! Früher war ich frei! Und jetzt verliere ich mich selbst.

Wer bin ich?

Was bin ich?

Wohin bist du gegangen, Victoria?

Ich fühle, wie ich immer tiefer in einem Ozean der Verzweiflung versinke. Ich kämpfe mich an die Oberfläche, aber ich werde immer wieder nach unten gezogen. Die Wellen sind zu stürmisch, und ich kann nicht schwimmen. Ich kann nicht zurück an die Oberfläche gelangen; ich ertrinke.

Ich will frei sein.

Meine Tagträume verblassen. Es ist lange her, dass ich zu meinem Platz am See fliehen konnte. Vor vier Jahren habe ich gegen meine Todessehnsucht angekämpft, aber jetzt habe ich nicht einmal mehr die wenige Kraft, die ich damals hatte. In mir ist völlige Leere.

Ich bin zwischen Sterben und Überleben gefangen und kann fühlen, wie sich mein Körper ausschaltet. Endlich kann ich Frieden finden. Endlich kann ich frei sein …

MOMENT!

In meinen Gedanken sehe ich meine Mama; sie hat die Arme ausgestreckt und lächelt. Mein Daddy und meine Brüder stehen neben ihr und strecken mir auch die Hände entgegen. Ich stehe vor ihnen und neben mir ist ein Auto. Ich schaue das Auto an und gehe darauf zu. Ich kann nur noch denken: *Endlich kann ich diesen Ort verlassen und von diesem Schmerz frei sein.* Aber dann drehe ich mich zu meiner Familie um. Ihr Lächeln ist verschwunden und sie weinen. Ich sehe meine Brüder, William und Cameron. Wir sind die drei Musketiere, die schon im Bauch unserer Mutter zusammen waren. Wir sind unzertrennlich. Ich sehe meinen großen Bruder, LJ, meinen Beschützer. Er hat meinen regungslosen Körper oft auf den Armen getragen. Wenn es beängstigend wurde, war er da, obwohl er selbst auch Angst hatte. Mein Daddy weint. Ich bin sein kleines Mädchen und er kann mir nicht helfen. Dann schaue ich wieder meine Mama an, die stärkste Frau, die ich kenne. Sie hat mir unermüdlich geholfen und kein einziges Mal aufgegeben. Sie fällt auf die Knie und weint herzzerreißend.

Geh nicht.

Halte durch, Victoria.

Ich reiße mich von diesen Gedanken los. Mir wird bewusst, dass dieser Tagtraum Realität werden könnte, wenn ich sterbe. Wie konnte ich so egoistisch sein? Keiner in meiner Familie hat auch nur einmal daran gedacht, mich aufzugeben. In den letzten vier Jahren haben sie *alles* getan, um mir unter den schlimmen Voraussetzungen trotzdem das bestmögliche Leben zu schenken. Sie kümmern sich so liebevoll um mich, und meine Mutter sorgt sogar dafür, dass meine Nägel gemacht werden. Obwohl dieses Leben alles andere als ideal ist, ist es trotzdem ein Leben, ein lebenswertes Leben.

Halte durch.

Es gibt ein lebenswertes Leben.

Also treffe ich eine Entscheidung. Eine unglaublich herausfordernde Entscheidung. *ICH WILL LEBEN.* Egal, wie die Situation ist, ich will einfach leben. Ich wollte aufgeben; ich wollte sterben. Aber es geht nicht; ich kann nicht gehen. Ich bin auf dieser Erde noch nicht fertig. Deshalb gebe ich ein Versprechen:

„Wenn ich eine zweite Chance zu leben bekomme, dann verspreche ich, dass es ein Leben sein wird, das etwas bewirkt. Ich will keinen einzigen Moment verschwenden. Und ich werde mehr tun, als nur zu leben; ich werde meine Stimme dafür einsetzen, die Welt zu verändern."

Dieses Versprechen gebe ich Gott. Er ist der Einzige, der mich hören kann. Manchmal erleben wir in unseren dunkelsten Momenten die stärkste Kraft. Oft werden wir unmittelbar, bevor ein Wunder geschieht, am stärksten geprüft.

Ich kann nicht aufgeben.

Ich habe es schon so weit geschafft.

Ich habe zu sehr gekämpft.

Natürlich bin ich glücklich, dass die unbekannte Frau mich nicht getötet hat. Aber ich will nicht lügen: Irgendwie bin ich auch ein wenig enttäuscht.

Wenn meine Mutter zu Besuch kommt, versuche ich jetzt, auf jede erdenkliche Weise mit ihr zu kommunizieren, aber sie nimmt nur wahr, dass ich aufgewühlt und unruhig bin.

Sie kann nicht verstehen, weshalb, und das frustriert mich noch mehr.

Hole mich hier heraus!

Das versuche ich ihr ständig zu sagen, aber für sie und den Rest der Welt klingt mein verzweifelter Hilfeschrei nur wie ein verwaschenes Murmeln.

Bitte, Mama, höre mich!

An einem Nachmittag verlässt meine Mutter für einige Minuten mein Zimmer. Meine Hände sind nicht fixiert. Als ein Krampfanfall kommt, schlägt meine linke Hand unkontrolliert auf meine Stirn. Der Krampfanfall flacht schnell wieder ab, aber die Pflegehelferin packt meine linke Hand und schlägt mir mit meiner eigenen Hand ins Gesicht. Bei jedem Schlag schießen stechende Schmerzen in meine Hand und in mein Gesicht. Ich weine. Immer wieder, bis ich schließlich einen markerschütternden Schrei ausstoße, bei dem die Pflegehelferin entsetzt zurückweicht. Meine Mutter rast ins Zimmer und schreit: „Was ist hier los? Was haben Sie gemacht?" Die Pflegehelferin schüttelt den Kopf und versucht, so zu tun, als wäre nichts gewesen.

„Verschwinden Sie!", schreit meine Mutter.

Mama, bitte rette mich!

Tränen laufen mir übers Gesicht. Meine Mutter legt sich zu mir ins Bett. „Keine Sorge, Mama ist da. Ich bleibe bei dir."

7

Hoffnungsschimmer

November 2009 bis August 2010

Nach diesem Vorfall verstärken die Ärzte ihre Bemühungen, meine Krampfanfälle zu reduzieren. Seit meinem Aufenthalt in der Psychiatrie beschließt meine Mutter, bei mir zu bleiben. Das Pflegepersonal zeigt sich erneut von seiner „besten" Seite. Anscheinend wissen sie, dass meine Mutter ganz genau aufpasst, wie ich behandelt werde. Ein einziges falsches Wort oder eine einzige falsche Bewegung und meine Mutter weiß es. Wahrscheinlich beten sie, dass ich nie wieder sprechen kann. Denn wenn ich meine Stimme je zurückbekommen sollte, kriegen diese Leute *große* Probleme.

Damit ich besser schlafen kann, verschreibt mir ein Arzt ein handelsübliches Schlafmittel. Es hilft mir zwar nicht einzuschlafen, aber mein Körper beruhigt sich. Durch das Medikament entspannen sich meine Muskeln und meine Krampfanfälle werden seltener. Selbst mein Gesicht entspannt sich zu einem leichten Lächeln, das schon eine ganze Weile nicht mehr zu sehen war. Zum ersten Mal seit langer Zeit leide ich nicht mehr an Krampfanfällen und mein Körper kämpft nicht mehr gegen mich.

Endlich ein wenig Freiheit!

Ein Bestandteil des Schlafmittels unterbricht irgendwie den Neurotransmitter, der meine Muskelkontraktionen auslöst. Zum ersten Mal seit einem Jahr bin ich entspannt und habe keine Schmerzen. Meine Kopfschmerzen verschwinden und ich fühle mich frei. Befreit, um mich noch stärker zu bemühen, aus diesem Gefängnis, zu dem mein Körper geworden ist, auszubrechen.

Ich brauche ein Wunder.

Ein echtes Wunder.

Aber Wunder lassen sich nicht erzwingen.

Bitte, Gott!

Blinzeln, blinzeln, blinzeln.

Moment.

Ich blinzle!

Ich blinzle! Einmal blinzeln, zweimal blinzeln, dreimal blinzeln!

Jetzt versuche ich etwas Schwieriges.

Schau nach links, und jetzt nach rechts. Ja!

Meine Augen!

Ich habe wieder Kontrolle über meine Augen!

Ich starre nicht länger leer vor mich hin.

Mama!

Mama!

Oh, Moment! Meine Stimme habe ich noch nicht zurück.

Mama, Mama, wo bist du? Ich will dich sehen!

Meine Mutter kommt ins Zimmer und fängt an, alles für die Nacht vorzubereiten. Ich schaue sie wie gebannt an. Meine Augen folgen ihr durchs Zimmer. Ich kann die Welt vor dem Fenster sehen. Oh, wie schön es draußen ist! Die Bäume sind braun; es muss bald Winter werden. Die Sonne ist so hell und schön. Ich habe diese helle, schöne Welt vermisst.

Fokussiere deinen Blick, Victoria.

Ich richte meinen Blick wieder auf Mama: Sie soll merken, dass ich sie wahrnehme. Noch nie in meinem Leben habe ich mich so angestrengt auf etwas konzentriert. Sie kommt zu mir und ihr Blick fällt auf meine Augen. Ich richte meine Augen gezielt auf sie. Sie sieht mich! Endlich sieht sie mich!

Ich bin immer noch hier, Mama.

Ich wende den Blick nicht von ihr ab und schaue sie direkt an. Ich kann fühlen, dass in meinen Augen etwas anders ist. Der verschleierte, leere Blick ist verschwunden. Ich kann meine Augen scharf stellen. Ich bin kognitiv wach, und ich will Kontakt zu meiner Mama aufnehmen. Sie tritt einen Schritt zurück und ich schaue sie weiterhin unverwandt an. Sie sieht mich, und ich sehe sie.

„Victoria?"

Ich wende den Blick nicht von ihr ab.

„Wenn du mich hören kannst, dann blinzle zweimal."

Blinzeln.

„Komm, Victoria, noch einmal."

Blinzeln.

Immer und immer wieder.

Diese Kleinigkeit, die wir als selbstverständlich hinnehmen, das, was jeder beim Lesen dieses Buches zigmal macht, wird mein Rettungsseil. Plötzlich habe ich ein Kommunikationsmittel: Einmal blinzeln für Ja, zweimal blinzeln für Nein. Meine Mutter bricht in Freudentränen aus. Die Last der ganzen Welt scheint von ihr abzufallen. Es ist zweifellos der intensivste Moment, den ich je mit einem Menschen erlebt habe.

„Victoria ist noch da."

Meine Familie ist so erleichtert. Endlich wissen sie, dass ich mich noch nicht verabschiedet habe. Obwohl es für sie entsetzlich ist, dass ich in diesem Locked in-Syndrom feststecke, freuen sie sich unbändig, dass ich auf sie reagiere.

*

Mein Gefängnis hat sich auf ganz unspektakuläre Weise geöffnet, und ich bin überglücklich. Für die meisten Menschen ist Blinzeln keine große Sache oder irrelevant, aber für mich ist es der Weg zurück in die Welt der Lebenden. Es ist mein Weg, um jeden wissen zu lassen: *Ich bin noch da.*

Auf einmal kann ich sehen und kommunizieren. Ich habe nicht mehr das Gefühl, dahinzuvegetieren und die Welt um mich herum zu verpassen. Dieses Wunder hat das Feuer und den Kampfgeist wieder entfacht, die fast vollständig erloschen waren. Meine Augen – bzw. die Kontrolle über meine Augen zu haben – machen mich zu einem der glücklichsten Menschen der Welt. Ich kann meine Augen bewegen und meine Familie und die Welt um mich herum sehen.

Danke, Gott.

In den Phasen, in denen ich keine Krampfanfälle habe, kann ich meine Augen scharf stellen und dadurch kommunizieren. Dass ich mir keine Sorgen mehr machen muss, ich könnte jederzeit das Bewusstsein verlieren, ist eine riesengroße Erleichterung. Jeden Tag werden die Krampfanfälle schwächer und seltener. Ich kann fühlen, wie das Leuchten in meine Augen und in meinen Geist zurückkehrt.

*

Ich lebe und mein Zustand ist stabil. Jetzt, da meine Krampfanfälle unter Kontrolle sind und ich medizinisch stabil bin, erlauben die Ärzte, dass meine Familie mich nach Hause holt. Meine ganze Familie atmet erleichtert auf.

Meine Brüder fahren mich gern im Rollstuhl durchs Haus und meine Mutter fängt an, mich auf den aktuellen Stand zu bringen, was in unserer Familie und auf der Welt passiert ist.

Ich kann noch nicht sprechen, aber ich habe Wege gefunden, wie ich kommunizieren kann. Durch Blinzeln und kehlige Laute kann ich meiner Familie mitteilen, was ich brauche. Langsam kann ich meine Arme wieder bewegen, aber meine Hände sind aufgrund der starken Spastik immer noch verkrampft. Ich habe meine Arme eine ganze Weile nicht mehr benutzt. Deshalb sieht es absolut nicht anmutig aus, wenn ich sie bewege, aber es funktioniert. Durch diese neu entdeckten Fortschritte in meinen Armen kann ich meine Kommunikation erweitern. Ich deute auf eine Tafel mit verschiedenen Bildern, die alle etwas darstellen, was ich brauche oder sagen will.

Meine Familie erstaunt mich mit ihrer Liebe, Geduld und Unterstützung immer wieder. Obwohl ich immer noch stark eingeschränkt bin, behandeln sie mich wie einen normalen Menschen. Ich werde in jedes Gespräch miteinbezogen und zur ständigen Begleiterin meiner Mutter. Sie nimmt mich überallhin mit. An einem ganz besonderen Tag fährt sie mit mir zu meinem Lieblingsplatz am See. Wir atmen die frische Luft ein und ich spüre echten Frieden.

Während der Rückfahrt schaut mich meine Mutter im Rückspiegel an und sagt etwas, das ich *nie* vergessen werde. „Eines musst du wissen: Selbst wenn sonst nichts zurückkommt und sich dein Zustand nicht weiter verbessert, werde ich immer für dich da sein und mich um dich kümmern." Diese Frau erstaunt mich immer wieder aufs Neue. Diese Bemerkung bedeutet die Welt für mich. Ihre Worte sind so unglaublich lieb, aber ich habe jetzt wieder andere Pläne.

Ich will nicht nur überleben.

Ich will aufblühen.

Je mehr sich mein Zustand bessert, umso mehr werde ich mir der Welt um mich herum bewusst und realisiere, was ich in den letzten vier Jahren alles verpasst habe. Seit ich elf war, hat sich *viel* verändert. Ich bin jetzt 15 und will zu meiner alten Normalität zurückkehren. Aber werde ich je wieder wirklich „normal" sein?

Als ich mich zum ersten Mal im Spiegel sehe, ist das ein Schock! Ich erinnere mich nicht daran, mich in den vergangenen vier Jahren selbst gesehen zu haben. Ich erkenne das Gesicht, das mir entgegenblickt, nicht.

Wer bist du?

Wo ist Victoria?

Ich muss nach allem, was ich durchgemacht habe, wirklich nachsichtig mit mir sein, aber mein Spiegelbild entspricht überhaupt nicht dem, wie ich meiner Meinung nach aussehen sollte. Was ich nicht bedacht hatte: Zwischen dem 11. und dem 15. Lebensjahr verändert sich der Körper sehr stark. Außerdem war mir nicht bewusst, dass die Nebenwirkungen der verschiedenen Medikamente mein Aussehen verändert haben könnten. Jetzt ist mein Gesicht aufgedunsen, meine Zähne sind schief, ich habe einen sonderbaren Haarschnitt mit Pony, und ich habe sogar einen Busen. *Das* ist eine drastische Veränderung. Ich bin entmutigt. Der Gedanke, normal und hübsch zu sein, eine gute Figur zu haben und wieder ich selbst zu sein, scheint ein weit entfernter Wunschtraum zu sein. Ich habe keine Ahnung, was ich tun soll, was ich sein soll oder was aus mir werden soll.

Werde ich je wieder sprechen?

Mich ohne fremde Hilfe aufsetzen können?

Essen?

Gehen?

Schreiben?

Zur Schule gehen?

Selbstständig leben?

Einen Freund haben?

In Form sein?

Mich bewegen?

Stark sein?

Die große Ungewissheit und Unsicherheit halten mich nachts vom Schlafen ab. Ich kämpfe ständig mit Angstzuständen. Ich habe mittlerweile Angst vor *allem*, sogar vor dem Einschlafen, weil ich nicht weiß, was mich beim Aufwachen erwartet.

Werden die Krampfanfälle zurückkommen?

Werde ich erneut krank werden?

Wieder gefangen sein?

Wird mir meine Welt wieder genommen werden?

Damals verstehe ich nicht, woher das kommt, heute kann ich es benennen: Ich habe posttraumatische Belastungsstörungen. Als ich krank war und um mein Leben kämpfte, hatte ich nicht durchgängig so stark mit Angst gekämpft. Aber jetzt habe ich *ständig* Angst. Die Welt hat sich vier Jahre ohne mich weitergedreht. Ich habe so viel verpasst. Deshalb empfinde ich die Welt nun als sehr Furcht einflößend und habe das Gefühl, nicht mehr dazuzugehören. Ich sehne mich nach dem einfachen Leben einer Elfjährigen, aus dem ich vor vier Jahren herausgerissen wurde. Aber dieses Leben gibt es nicht mehr. Diese Victoria gibt es nicht mehr. Ich bin eine neue Victoria, und ich muss mir überlegen, wie ich damit zurechtkomme. Ich habe ehrlich keine Idee, wie ich „normal" leben und einfach wieder ein Kind sein soll. Ich weiß nicht, was ich tun soll.

Wie kann ich ein normales Leben führen?

Das Trauma und die Dunkelheit, die meine letzten Jahre beherrscht haben, kommen jetzt an die Oberfläche und quälen mich. Niemand gibt mir ein „Handbuch, wie man damit umgeht, dass man vier Jahre seines Lebens verloren hat". (Vielleicht sollte das der Titel meines nächsten Buches sein!) Ich leide auch ein wenig an Agoraphobie – eine Angststörung, bei der man Furcht vor überfüllten Räumen hat –, weil ich so lange nicht mehr draußen war. Alles hat sich verändert. Zum Beispiel entdecke ich nach meinem Aufwachen, dass sich bei den anderen in meinem Alter fast alles nur noch um Smartphones und Facebook dreht.

Ich weiß nicht einmal, was das ist.

Ehrlich gesagt weiß ich überhaupt nicht mehr, was irgendetwas ist.

*

Die nächsten Monate sind bestimmt von Arztbesuchen, Physio-, Ergo- und Sprachtherapie. Nach und nach kann ich wieder am normalen Familienleben teilnehmen und einige Funktionen, die ich verloren hatte, zurückgewinnen. Ich versuche, eine neue Normalität zu finden. Aber diese Normalität ist kompliziert und erfordert viel Anstrengung! Aus dem Haus oder auch nur ins Badezimmer zu kommen, ist viel schwieriger als vorher. Es erstaunt mich, wie mühsam es ist, selbst die einfachsten Dinge zu schaffen, wie mit dem Finger zu wackeln, einen Bleistift zu halten, *Hallo* zu sagen (*H* ist besonders schwierig auszusprechen) oder einfach den Kopf oben zu halten. Ich habe immer noch Magenprobleme und muss deshalb lernen, meine Ernährungspumpe zu bedienen, die ständig Nahrung in meinen Körper pumpt. Immer wenn ich meine, ich hätte einen Berg bezwungen, tut sich der nächste vor mir auf, der *noch größer* ist.

Aber ich bin wild entschlossen: Ich will mein Leben so gut wie möglich weiterführen und versuchen, eine normale 15-Jährige zu sein. So belastend das alles auch ist, ich denke nie mehr ans Aufgeben. Kein einziges Mal. Es ist, als hätte ich mich in eine Maschine verwandelt, die entschlossen ist, die verlorene Zeit aufzuholen. Ich weigere mich, mich zurückzulehnen und darauf zu warten, dass meine Fähigkeiten von alleine wieder zurückkommen. Um diesen Prozess zu beschleunigen, tue ich *alles*. Wenn ich nicht gerade mit Physio-, Ergo- oder Sprachtherapie beschäftigt bin, strenge ich mich an, um die Ziele, die für jede Woche gesteckt sind, zu erreichen.

Ich will nicht nur lernen, *ein* Wort zu sagen; ich will zusammenhängende, sinnvolle Sätze von mir geben. Es gibt so vieles, was ich den anderen mitteilen will, und ich möchte, dass es richtig und gut klingt, wenn ich es sage. Ich will so sprechen, als hätte es nie eine Zeit gegeben, in der ich nicht sprechen konnte. Und ich will nicht nur mit einem Finger wackeln, sondern mein Ziel ist es, dass meine Hände vollständig funktionieren. Aufgrund der starken Spastik waren meine Arme und Hände einige Jahre unentwegt verkrampft. Aber dank 22 Botox-Injektionen in jeden Arm fangen meine geballten Fäuste an, sich zu entspannen. Ich lasse meinen Händen nicht viel Zeit, um sich zu erholen, bevor ich sie zwinge, zu basteln und zu üben, meinen Namen in Schreibschrift zu schreiben. Meinen Kopf lediglich oben zu halten, ist mir nicht genug; ich will mich komplett aufsetzen können. Und schließlich will ich unabhängig in meinen Rollstuhl hinein- und wieder herauskommen können.

Rollstuhl.

Ich hatte nie wirklich Gelegenheit, um den Verlust meiner Mobilität zu trauern und zu verarbeiten, dass ich jetzt an einen Rollstuhl gefesselt bin. Ich erinnere mich, dass ich, als meine Krankheit begann, zuerst die Fähigkeit, meine Beine zu gebrauchen, eingebüßt habe, aber ich hätte nie gedacht, dass ich sie nie wieder gebrauchen kann. Laut Aussage der Ärzte wird sich meine Beinmotorik aber nicht mehr regenerieren und ich werde für den Rest meines Lebens auf einen Rollstuhl angewiesen sein. Das ist eine bittere Pille.

Du bist doch nicht frei.

Vielleicht wirst du nie wieder frei sein.

Mein Leben ist immer noch weit davon entfernt, von der Hilfe anderer unabhängig zu sein. Ich habe aber den sehnlichen Wunsch, mich selbstständig in meinem Rollstuhl zu bewegen und ohne fremde Hilfe zu essen und auf die Toilette zu gehen. In meinem Kopf fühle ich mich nun wieder fit, aber der starke Muskelschwund und die neurologischen Defizite erinnern mich immer wieder daran, dass ich alles andere als gesund bin.

Wie soll ich weitermachen?

Werde ich je gesund werden?

Ich versuche, mich darauf zu konzentrieren, wie weit ich schon gekommen bin, und nicht darüber nachzudenken, wie weit der Weg ist, der noch vor mir liegt. Wenn ich mir das vor Augen halte, werde ich schnell depressiv. Und mir ist inzwischen bekannt, wie gefährlich Depressionen sind. Tief in meinem Herzen weiß ich, dass mein Leben nie wieder so sein wird, wie es vor meiner Erkrankung gewesen ist, aber ich versuche trotzdem, mir auszumalen, dass ein wunderbares, unabhängiges Leben vor mir liegt. Gleichzeitig weiß ich, dass die Chancen auf so ein Leben, wie ich es mir in meiner Fantasie ausmale, sehr gering sind. Aber wer weiß?! Wir haben einen allmächtigen Gott, für den nichts unmöglich ist.

In meinem Fall war das Unmögliche ausgerechnet Eishockey. Ich werde nie den Tag vergessen, an dem ich zur *Northeast Passage* ging. Es war der Sommer, bevor ich an die Highschool kam. *Northeast Passage* ist ein Sportprogramm der Universität von New Hampshire. Ich hatte im Februar davon gehört; damals waren gerade die Olympischen Spiele in Vancouver und ich erwachte langsam aus dem „Locked in"-Zustand. Meine Mutter hatte an der Universität von New Hampshire studiert und bekam immer noch den Newsletter der Uni. Im Februar 2010 hatte er einen langen Artikel über Para-Eishockey enthalten. Als ich ihn las, wusste ich, dass ich wieder aufs Eis und wieder Sport treiben wollte. Para-Eishockey ist speziell für Sportler mit körperlichen Einschränkungen. Statt auf Schlittschuhen zu stehen, sitzt man in einer Art Schlitten. Mit Stöcken, die unten Spikes haben, manövriert man sich übers Eis.

Noch bevor ich wieder richtig sprechen kann, gebe ich meiner Familie zu verstehen, dass ich in einem solchen Schlitten aufs Eis will. Mein Vater ist ein großer Eishockeyfan und war Trainer und Spieler in allen Ligen – auch bei den Profis. Als er von diesem Wunsch erfährt, ist er der Erste, der mich in einen solchen Spezial-Schlitten setzt.

Allerdings habe ich immer noch *sehr* starke Einschränkungen. Meine Arme funktionieren nicht wirklich und ich kann nur wenige Worte sprechen – und das auch nur, wenn meine Muskeln mitspielen. Aber ich kann auf meine Weise kommunizieren, was ich brauche. Daddy setzt mir einen Helm auf den Kopf und fixiert Hockeystöcke an meinen Hände. Dann nimmt er mich mit aufs Eis, um mit mir eine Runde zu drehen. Während alle anderen Eltern und Angehörigen vorsichtig und zögerlich mit ihren Kindern Eis laufen, tut mein Vater so, als würde er mich gegen die Bande klatschen lassen. Immer wieder sagt er: „Wenn du Eishockey spielen willst, musst du auch mal einen Schlag einstecken können." Meine arme Mutter, die uns von der Tribüne aus zusieht, leidet große Qualen. Mein Bruder William läuft auf Schlittschuhen neben mir her und tut so, als würde er mich angreifen. Ich genieße jeden Moment auf dem Eis. Es triggert meine Leidenschaft, die unsere ganze Familie teilt. Wir sind quasi in diesem Eisstadion aufgewachsen und keiner von uns hätte je damit gerechnet, dass ich irgendwann in einem Schlitten über das Eis gezogen werden muss und was wir davor alles durchmachen müssen. Aber es hat keinen Sinn zurückzublicken und über das Traurige und die vielen Verluste nachzudenken. Wir müssen uns auf die Zukunft konzentrieren und darauf, dass ich am Leben bin und wir in unserer neuen Normalität langsam Stabilität und Frieden finden. Natürlich ist mein Leben nicht perfekt, aber es ist gut – so viel besser als die vier vergangenen Jahre.

Als ich in diesem Schlitten sitze, erwacht in mir der sportliche Ehrgeiz, der mir anscheinend in die Wiege gelegt wurde. Mit meiner Familie wieder auf dem Eis zu sein, hat eine unbeschreiblich heilende Wirkung auf mich. Ich habe einen Platz gefunden, an dem ich Sport treiben und meinen Ehrgeiz ausleben kann. Wie habe ich das beides vermisst! Para-Eishockey ist allerdings nichts für Leute mit schwachen Nerven. Es ist ein leidenschaftlicher Sport, und ich betreibe ihn mit zwei Stöcken, an deren Enden sich spitze Spikes befinden. Viele Para-Eishockeystars haben schwere Kämpfe durchgemacht. In diesem Spiel steckt also viel Herzblut und deshalb ist es auch extrem intensiv.

Komm zurück ins Spiel.

*

Ich war schon immer ein Mädchen, das gern mit Jungs gespielt hat, und Para-Eishockey ist definitiv keine Sportart, die bei Mädchen besonders beliebt wäre. Im Herbst 2010, sieben Monate, nachdem ich zum ersten Mal auf einen Schlitten geschnallt wurde, trete ich in die Para-Eishockeymannschaft der *Northeast Passage* ein. Die Jungs, mit denen ich spiele, treiben mich an und motivieren mich. Ich muss harte Schläge einstecken und lernen, schnell zu sein, um diesen Stößen möglichst flink auszuweichen. Aber im Eishockey-Team erlebe ich Kameradschaft und genieße das Gefühl, nicht allein zu sein.

Viele meiner Mannschaftskameraden haben ähnliche schwere Zeiten hinter sich wie ich. Auch wenn jeder von uns aus einer anderen Situation kommt, hat jeder eine Geschichte. Es ist für mich eine große Ermutigung, die Geschichten der anderen zu hören und ihre Selbstständigkeit und die Entschlossenheit, mit der sie ihre Umstände überwinden, zu beobachten.

Bevor ich in die Mannschaft kam, habe ich mich oft so einsam gefühlt. Ich hatte das Gefühl, niemand würde mich wirklich verstehen. Ich tat mich schwer, mich einzufügen und mich normal zu fühlen. Die Jungs in der Mannschaft verstehen das nicht nur, sie haben auch einen sehr eigenwilligen Sinn für Humor. Wir haben es zum Beispiel alle satt, dass man uns sagt, wir als „behinderte Sportler" wären für andere „inspirierend". Wir wollen einfach nur Eishockey spielen. Selbst wenn es nur für die Zeit ist, in der wir trainieren und spielen, sind wir in diesen wenigen Stunden Eishockeyspieler – nicht mehr und nicht weniger. Wir sind keine Patienten, keine Opfer, haben keine Verletzung, keine Behinderung. Unsere Narben sind unter unserer Kleidung versteckt, und es geht in diesen Momenten nur um unser Eishockeyspiel. Kein Mitleid und definitiv keine Rücksichtnahme.

Zum ersten Mal seit sehr, sehr langer Zeit kann ich meine Ernährungspumpe abklemmen, meinem Rollstuhl entfliehen und ein Spiel spielen, das ich schon als kleines Mädchen geliebt habe. Nach und nach finde ich die Victoria wieder, von der ich gedacht hatte, sie wäre für immer verloren und längst tot.

Eishockey hilft mir auf vielen Gebieten, aber vor allem verbessert sich dadurch meine Beziehung zu meinem Vater. Ehrlich gesagt war meine Beziehung zu ihm in der Zeit, in der ich krank war, nicht so gut. Ihn belastete mein Zustand extrem, weil er mir nicht helfen konnte. Zur Hilflosigkeit verdonnert zu sein, hat ihn frustriert und dann hat er manchmal seine Frustration an mir ausgelassen. Ich wollte tatsächlich eine Weile nichts mit ihm zu tun haben. Aber mir wurde irgendwann bewusst: Wer bin ich, dass ich ihn dafür verurteilen könnte? Was passiert ist, war schrecklich. Für ihn genauso.

So will ich nicht leben.

Ich liebe dich, Daddy.

Ich habe dich immer geliebt.

Und ich werde dich immer lieben.

Jetzt, da ich mich selbst wiederfinde, will ich auch wieder eine bessere Beziehung zu ihm haben. Wenn mich jemand verletzt, ist meine erste Reaktion, dass ich mich von dieser Person zurückziehe. Diesen Schutzmechanismus habe ich mir angewöhnt. Ein einziges Wort oder ein falscher Blick kann genügen, und schon verkrieche ich mich in mein Schneckenhaus. So habe ich mich auch gegenüber meinem Vater verhalten. Ich weiß, dass er mich mehr als alles liebt, aber als ich krank war, war er – anders als meine Mutter – nicht immer für mich da. Ich habe viel wegen dieser Sache gebetet und Gott hat mir klargemacht, dass wir manchmal gerade die Menschen verletzen, die wir am meisten lieben.

Wenn Menschen leiden, merken sie nämlich häufig nicht, dass sie andere verletzen. Mein Papa ist kein schlechter Mensch; als ich mehr tot als lebendig war, war er am Boden zerstört, litt unter dieser Situation und versuchte, unsere Familie irgendwie zusammenzuhalten. Ich selbst habe noch keine Kinder und kann mir nicht annähernd vorstellen, wie frustrierend und schmerzhaft es sein muss, wenn man seinem leidenden Kind nicht helfen kann. Ich war immer Daddys kleines Mädchen und er hat mich immer beschützt. Als ich todkrank und in meinem Körper eingeschlossen war, konnte er mich nicht mehr beschützen, und das hat ihn völlig fertiggemacht.

Seit ich das verstanden habe, kann ich meinen Vater wieder in einem positiveren Licht sehen, während er alles tut, um mich beim Eishockeyspielen zu fördern. Er hilft sogar, unsere Mannschaft zu trainieren. Es ist ziemlich lustig, wie dieser Mann, der sein Leben lang mit Eishockeyspielern zu tun hatte, die zwei gesunde Beine haben, versucht, eine Mannschaft zu coachen, in der alle Spieler in Schlitten sitzen. Hin und wieder rutschen ihm so Sprüche raus wie: „Mensch, beweg deine Beine!" Das sagte er auch mal zu unserem Torhüter, der gar keine Beine hat. Der nahm's cool und antwortete: „Na klar, mach ich! Vielen Dank für den Tipp, Coach!"

Manchmal geht es im Training richtig chaotisch zu. Aber mein Vater ist ein genialer Coach, und ich habe gesehen, wie er normale Spieler und Torhüter zu hochkarätigen Sportlern aufgebaut hat – einige haben es sogar bis in die NHL, die amerikanische Eishockeyliga, geschafft.

Mein Vater ist auch für mich ein wunderbarer Trainer. Er fordert mich und ermutigt mich, jeden Tag weiter zu gehen und schneller und besser zu werden. Er fasst mich definitiv nicht mit

Samthandschuhen an. Wenn überhaupt, dann fordert er mich eher ein wenig mehr als alle anderen. Aber das alles geschieht aus Liebe. Er weiß, noch bevor ich es selbst realisiere, wozu ich fähig bin. Sein Vertrauen in mich ermutigt mich sehr. Jahrelang haben mir Ärzte gesagt, was ich alles nie wieder tun könnte, aber jetzt ist es genau andersherum, und ich entdecke, dass es so vieles gibt, das ich wieder tun *kann* und auch tun *möchte*.

Dad und ich verbringen jetzt viel Zeit zusammen – auf dem Eis und bei Wettkämpfen. Ich lerne ihn neu kennen und begreife langsam, dass er versucht, seine Fehler in der Vergangenheit dadurch wettzumachen. Unsere Beziehung heilt nicht über Nacht, aber es ist ein vielversprechender Anfang.

Mach weiter.

Werde stärker.

Fordere dich immer wieder heraus.

Nicht nur mein Vater, auch Tom Carr, der Cheftrainer unserer Mannschaft, glaubt an mich. Er ermutigt mich auf dem Eis und fordert mich heraus, besser zu werden. Er ist derjenige, der meinen Vater auf die Idee gebracht hat, sich auch in der Mannschaft zu engagieren. Tom holt so viel aus mir heraus, wenn ich auf dem Eis bin. Seit unserer ersten Begegnung, als ich noch Mühe hatte, aufrecht zu sitzen, hat er mich nie wie einen Menschen mit Behinderung behandelt. In seinen Augen bin ich *immer* eine Sportlerin.

Tom ist es auch, der erkennt, dass mehr in mir steckt, als Eishockey zu spielen. Er ermutigt mich, auch andere Sportarten auszuprobieren. Aber vorerst will ich einfach nur Eishockey spielen. Das genügt mir. Doch Tom gibt nicht auf. Er weiß, dass ich vor meiner Krankheit sehr gut schwimmen konnte. Wahrscheinlich bin ich im Wasser sogar noch besser als auf dem Eis. Schwimmen bietet mehr Regenerationsmöglichkeiten als Eishockey, und deshalb drängt Tom mich immer wieder, es wenigstens mal zu versuchen. Nach vielem Hin und Her und viel Überzeugungsarbeit gehe ich tatsächlich wieder ins Wasser.

Damals kann ich nicht ahnen, wie sehr ich im Wasser in meinem Element sein würde.

8

Im Rampenlicht

August 2010 bis September 2011
Platsch!

Ehe ich mich versehe, werde ich von meinen Brüdern William und Cameron ins Becken geworfen. Das Wasser ist eiskalt, und da ich jahrelang nicht im Wasser war, habe ich richtige Angst. Ich fühle mich unbeholfen und habe keinen Bezug mehr zum Wasser, obwohl es eigentlich immer *mein Element* gewesen ist, seit ich ein Baby war. Als Kind war ich im Wasser, so oft es ging. Ich war die Erste, die ins Wasser sprang, und die Letzte, die herauskam. Unsere Familie hat sich immer gerne an Pools und Seen aufgehalten. Sobald der Frühling in den Sommer überging, war ich im Wasser. In den Wintermonaten nahm ich an Schwimmwettkämpfen teil.

Schon mit fünf fing ich an, meine Mutter anzubetteln, mich in einem Schwimmverein anzumelden. Da sie aber genau wusste, wie viel Zeit und Training das erfordert – sie war selbst als Studentin in einer Schwimmmannschaft –, ließ mich meine Mutter erst in einen Verein, als ich bereits neun war. Sie wollte, dass ich auch andere Sportarten ausprobiere, mich nicht so früh festlege und einfach unbeschwert Kind sein kann.

Ich liebte die Freiheit und das Hochgefühl, das ich hatte, wenn ich im Wasser war. Der Frieden und die Ruhe im Wasser waren

Nahrung für meine Seele. Davon konnte ich nicht genug bekommen. Selbst in den schlimmsten Momenten meiner Krankheitszeit malte ich mir manchmal aus, ich wäre im Wasser. Weit weg von den Qualen, die versuchten, mich zu ersticken. Ich konnte immer auf einen friedlichen meditativen Zustand umschalten, wenn ich im Wasser war.

Aber jetzt fürchte ich mich plötzlich vor Wasser!

Du machst das so gut, Victoria.

Du bist wieder im Wasser.

Entspanne dich einfach.

Kehre zu deinem inneren Frieden zurück.

Ich klammere mich krampfhaft an meinem Bruder Will fest, als er mich durchs Wasser bewegt. Will und Cam unterstützen mich sehr. Sie reden mir gut zu, während ich mühsam versuche zu schwimmen. Die Schwimmweste sitzt sehr eng und reibt an meiner Ernährungspumpe. Das tut weh und ist unangenehm. Ich fühle mich nicht wohl, bin eingeengt, durcheinander und frustriert.

Wie soll ich je wieder schwimmen können?

Ich kann kaum meine Arme bewegen. Und meine Beine funktionieren überhaupt nicht.

Das Mädchen, das einst durchs Wasser „fliegen" konnte, kann sich ohne fremde Hilfe kaum über Wasser halten.

Nichts wird je wieder so sein, wie es war.

Aber meine Brüder lassen nicht locker und heben mich Tag für Tag ins Schwimmbecken und schwimmen mit mir. Irgendwann klammere ich mich nicht mehr ganz so fest an sie und merke, dass ich mich eigenständig bewegen kann. Die alte Leichtigkeit ist zwar dahin, aber dennoch ist ab diesem Zeitpunkt mein Ehrgeiz neu entfacht. Meine Krankheiten und meine schrecklichen

Erfahrungen haben mir schon so viel geraubt – ich werde nicht zulassen, dass sie mir auch noch die Freude am Wasser nehmen.

Den gesamten Sommer 2010 – bevor ich an die High School komme (das nächste Horrorerlebnis!) – widme ich wild entschlossen meinem Vorsatz, mich selbst wieder zu finden. Ich will mein Leben zurück. Auch wenn es anders ist als früher, ist es immer noch *mein* Leben. Und darin spielte das Wasser immer schon eine große Rolle. Das wissen meine Brüder.

Doch dann schiebt sich mit einem Mal ein anderes Ziel in den Vordergrund: die Schule. Dieses doch so wichtige Thema habe ich bisher erfolgreich verdrängt.

Werde ich überhaupt *wieder zur Schule gehen können?*

Was werden die anderen Schüler von mir denken?

Werde ich den ganzen Stoff, den ich verpasst habe, nachholen können?

Ich war immer eine gute Schülerin. Das rufe ich mir jeden Tag ins Gedächtnis. Aber Tatsache ist, dass ich seit der fünften Klasse nicht mehr in der Schule war, und jetzt stehe ich kurz vor meinem 16. Geburtstag – und soll zur Highschool gehen. Zur *Highschool!* Will und Cam sind in der zehnten Klasse. Ich will sie einholen. Meine Familie ist erst vor Kurzem nach Exeter im Bundesstaat New Hampshire gezogen. Meine Mutter ist hier aufgewachsen, und es gibt hier ein richtig gutes Schulsystem. Es mag komisch klingen, aber schon als ich klein war, habe ich mich immer wie zu Hause gefühlt, wenn meine Familie nach Exeter gefahren ist. Aber jetzt bin ich die Neue an der Schule. Das ist nie lustig. Und schon gar nicht, wenn man die Neue ist, die in einem Rollstuhl sitzt, eine Ernährungspumpe, krumme Zähne, einen schiefen Pony und ein Doppelkinn hat. Sagen wir einfach: Mein erster Schultag nach fünf Jahren ist alles andere als ein Erfolgserlebnis.

Einige Mitschüler sind grausam. Sie lassen mich deutlich spüren, dass ich *nicht* dazugehöre und dass ich „anders" bin. Als ob ich das nicht selbst wüsste! Von manchen werde ich jeden Tag verspottet, nur weil ich in einem Rollstuhl sitze. Aber sonst beachtet mich niemand und keiner spricht mit mir – außer meine Brüder und hin und wieder meine Cousins, die eine Klasse über mir sind. Ich fühle mich so verloren und konfus. Das macht mich noch unzufriedener darüber, dass ich auf einen Rollstuhl angewiesen bin. Ich hatte eigentlich nie das Gefühl, dass ich irgendwie „anders" wäre und nicht dazugehören würde, bis ich an die Highschool komme.

Der Gipfel des Ganzen ist, dass ich in eine Klasse gesteckt werde, in der wir Bilder ausmalen. Du hast richtig gelesen: *Wir malen Bilder aus!* Ich will nichts ausmalen, ich will etwas lernen. Aber als ich im Sommer getestet wurde, waren meine diversen Behinderungen noch viel stärker ausgeprägt. Deshalb hat man mir eine Klasse zugewiesen für Kinder, die einen hohen Förderbedarf haben.

Neben anderen grundlegenden Fähigkeiten kehrt auch das Lesen bei mir erst langsam wieder zurück. Deshalb nimmt meine Integrationshilfe meine ehrgeizigen schulischen Ziele leider nicht ernst. Als die furchtlose 16-Jährige, die ich mittlerweile bin und die keine Zeit mit Leuten vergeuden will, die nicht an sie glauben, gehe ich zur Schulberaterin und verlange, dass ich in „normale" Kurse komme, weil ich später einen Beruf ergreifen und studieren will. Mein Körper wurde mir vielleicht genommen, aber mein Verstand ist sehr lebendig und gesund und will inspiriert und gefördert werden. Ich stecke mir ein sehr gewagtes Ziel: Ich will zusammen mit meinen Brüdern den Schulabschluss machen. Das bedeutet konkret, dass ich in drei Jahren den Stoff von fünf

Schuljahren aufholen muss! Doch ich lasse mich nicht mehr aufs Abstellgleis schieben und will nicht mehr vom Spielfeldrand aus zuschauen.

Ich will mitspielen.

Mithilfe meiner Mutter, einer engagierten neuen Integrationshilfe und einer wunderbaren Schulberaterin lege ich meine Kurse fest. Es ist nicht leicht, aber ich zeige den Zweiflern, dass ich es schaffen kann. Wir einigen uns auf eine Probezeit, die, je nachdem wie mein erstes Schulhalbjahr läuft, darüber entscheidet, ob ich diesen „verrückten" Weg weitergehen kann. Am Ende des ersten Schulhalbjahrs habe ich nur Einsen und Zweien im Zeugnis. Das verblüfft nicht nur meine Lehrer, sondern bringt auch die Bedenkenträger, die meine Ziele sofort als viel zu ambitioniert abgehakt haben, zum Schweigen. Ich bin auf dem richtigen Weg und habe endlich meinen Rhythmus gefunden.

Aber mein soziales Leben ist immer noch ein Problem. Ich hatte keine normalen Kontakte mehr, seit ich elf war. Es erübrigt sich zu sagen, dass ich jetzt *nicht mehr* elf bin und auf sozialem Gebiet vieles nachholen muss. Die Welt ist für mich ganz anders geworden, und die Highschool erscheint mir wie ein fremdes Land. Die Jugendlichen in meinem Alter sagen Dinge und legen ein Verhalten an den Tag, das ich beim besten Willen nicht verstehe. Ich bleibe hauptsächlich für mich und versuche, mich von den Räumen fernzuhalten, in denen sich die anderen aufhalten, weil ich nicht gedemütigt oder verspottet werden will. Das ist leider überall, wohin ich gehe, an der Tagesordnung. Meine neue Integrationshilfe erlaubt mir, mich in den Pausen in ihr Büro zurückzuziehen, wo ich schon mal mit den Hausaufgaben anfangen kann. Ich bitte außerdem darum, dass ich nach den Pausen erst ein wenig später in den Unterricht zurückmuss, damit ich mich in ihrem Büro verkriechen kann, bis die Gänge leer sind und alle anderen schon wieder in den Klassenzimmern sind.

In der Schule bin ich sehr isoliert. Das liegt vor allem daran, dass ich es einfach so satthabe, von meinen Mitschülern ständig gehänselt zu werden. Der Unterrichtsstoff ist für mich ein Trost und ich konzentriere mich aufs Lernen. Ich tue, was ich kann, um dem Spott, den neugierigen Blicken und der unverhohlenen Häme zu entfliehen. Ich kann nicht einmal in die Bibliothek gehen, ohne dass andere Schüler lachen und mit dem Finger auf mich deuten. Einerseits kann ich verstehen, dass ich mit dem Rollstuhl und der Ernährungspumpe eine gute Zielscheibe für ihre Hänseleien bin. Aber das ist keine Entschuldigung für Unfreundlichkeit und Spott. Wenn sie wüssten, was ich durchgemacht habe und dass ich vor nicht einmal einem Jahr erst angefangen habe, mich aus dem „Locked in"-Syndrom wieder ins Leben zurückzukämpfen! Wenn sie das erfahren würden, wären sie wahrscheinlich nicht so gemein.

Aber dass ich mit so viel Unfreundlichkeit fertigwerden muss, macht mich schlussendlich nur stärker. Meine Mutter baut mich jeden Tag, wenn ich nach Hause komme, auf und sagt mir, wie klug, schön und stark ich sei. Sie ruft mir immer wieder ins Gedächtnis: „Es geht nicht darum, *wie viele* Freunde du hast, sondern darum, *welche* Freunde du hast." Ein Merksatz für's Leben …

Als ich krank wurde, haben mich viele meiner Freunde aus der Stadt, in der ich aufgewachsen bin, vergessen. Sie waren jung und ich war so lange krank. Ihr Leben ging weiter, und das war okay so. Am Anfang haben mich einige Freundinnen besucht, aber ich sah echt furchterregend aus, und oft war ich auch zu schwach, um Besuch zu empfangen. Außerdem hat meine Mutter meine Würde sehr stark geschützt. Deshalb hat sie auch nicht viel Besuch zu mir gelassen.

Früher hatte ich eine ganze Schar von Freundinnen. Jetzt habe ich noch vier gute Freunde. Diese vier – Kendra, Sarah, Nicole und Ben – haben die ganze Zeit über zu mir gestanden. Kendra, mit der ich befreundet bin, seit ich fünf war, hat mir fast jede Woche eine Karte geschrieben und mir kleine Geschenke und Poster geschickt. Ben, der mein bester Freund war, seit ich drei war, hat mich besucht – egal, in welcher Verfassung ich war. Er war für mich da und hatte mich lieb, wie ich war. Seine Mutter, Karen, hat sogar die ganzen Schulsachen für meine Brüder besorgt, als ich im Krankenhaus war, damit meine Mutter diesen Punkt von ihrer langen To-do-Liste streichen konnte. Sarah und Nicole waren meine besten Freundinnen aus dem Schwimmverein, zu dem ich vor meiner Krankheit gehörte. Wir fuhren immer zusammen zu Wettkämpfen und haben miteinander gemalt und gebastelt. Diese vier Freunde standen immer zu mir und waren auch für mich da, als ich aus dem „Locked in" aufwachte und mich ins Leben zurückkämpfte. Während Sarah und Nicole mit mir an die *Exeter Highschool* gehen, besuchen Ben und Kendra eine andere Highschool in der Stadt, in die wir gezogen sind. Aber wir sehen uns oft.

Und es gibt noch einen anderen Freund, für den ich sehr dankbar bin: Connor. Mit ihm verbindet mich die erste Freundschaft nach meiner Krankheit. Wir lernten uns an dem Tag kennen, an dem an der Schule Karneval gefeiert wurde. Ich saß wie üblich allein da, und er setzte sich zu mir. Wir wurden auf der Stelle Freunde. Es war so herrlich, jemanden außer Sarah und Nicole an der Highschool zu haben, der sich nicht über mich lustig machte und sich ganz normal mit mir unterhielt. Connor ist wunderbar und der Inbegriff eines echten Freundes.

Seit ich Connor kenne, weiß ich, dass nicht alle Jugendlichen unfreundlich sind und dass ich trotz meines Rollstuhls Freunde haben kann. Wenn ich genauer darüber nachdenke, hat es tatsächlich auch gewisse Vorteile, ausgeschlossen zu werden. An der Highschool spielen sich so viele Teenager-Tragödien ab, und je mehr Freunde man hat, umso mehr „Dramen" erlebt man. Das braucht eigentlich kein Mensch. Von daher bin ich dankbar, dass ich nur eine Handvoll guter Freunde habe. Das reicht mir.

Außerdem habe ich andere Pläne, zu deren Umsetzung ich keinen Fanclub an der Highschool brauche. Es ist mir mittlerweile gleichgültig, dass ich zu keinen Partys eingeladen und von anderen angesagten Ereignissen ausgeschlossen werde. Ich habe größere Ziele, die ich erreichen will. Meine Zuflucht suche ich nämlich woanders: im Sport. Wie gut, dass mich meine Brüder ins Wasser geworfen haben!

In meine Arme kehrt allmählich wieder Bewegungsfähigkeit und Kraft zurück. Obwohl die Fortschritte zunächst klein sind, fange ich an, mich im Wasser wieder wohler zu fühlen. Noch bevor im September die Schule beginnt, beschließe ich, auf die Schwimmweste zu verzichten. Zuerst versinke ich, weil ich mich früher natürlich immer darauf verlassen konnte, dass mich meine Beine über Wasser halten. Aber als ich anfange, meine Arme richtig einzusetzen, fällt mir nicht einmal auf, dass ich meine Beine nicht gebrauchen kann. Schwimmen nur mit der Kraft meiner Arme wird für mich normal. Ich bewege mich geschmeidig durchs Wasser, und das schenkt mir inneren Frieden. In diesen Momenten kann ich meine Ernährungspumpe abklemmen und meinem Rollstuhl entfliehen. Ich weiß, dass beides für mein Überleben und meine Selbstständigkeit lebensnotwendig ist, aber sie rauben mir auch meinen inneren Frieden. Sie verhindern, dass ich mich normal und frei fühle. Während ich schwimme, fühle ich mich irgendwie normal. Das ist wichtig für mich, weil ich an der Schule eine Außenseiterin bin. Aber im Wasser *gehöre ich dazu.* Wenn ich im Wasser bin, wird etwas in mir entfacht, das lange erloschen war.

Einmal Sportler, immer Sportler.

Dass ich Sportlerin und unbeschreiblich ehrgeizig bin, kommt mir bei meiner Rekonvaleszenz sehr zugute. Ich konzentriere meinen ganzen sportlichen Ehrgeiz darauf zu lernen, wieder zu leben und zu funktionieren. Als ich immer größere Fortschritte beim Schwimmen mache, regt sich in mir prompt auch wieder der Wunsch, bei Wettkämpfen anzutreten. Das klingt nach einer anmaßenden Idee, aber in meinem Herzen weiß ich, dass ich es kann. Tom, mein Eishockeytrainer, ermutigt mich, diesen Sprung zu wagen. Erst im Herbst dieses Jahres habe ich mit Eishockey angefangen und liebe jeden einzelnen Moment auf dem Eis. Deshalb versichere ich meinem Trainer immer wieder, dass ich mich auf Eishockey und nicht auf Schwimmen konzentrieren möchte. Wahrscheinlich hauptsächlich deshalb, weil ich vorher schon geahnt habe, dass es im Wasser ganz anders werden würde, als ich es in Erinnerung hatte … Da ich vor meiner Krankheit Brustschwimmerin war, war mir klar, dass ich ohne Beinarbeit nicht mehr so schwimmen kann, wie ich es früher getan habe. Irgendwie will ich wohl mein Herz schützen und deshalb etwas ganz anderes machen. Deshalb halte ich mich von Dingen fern, die mich an das erinnern, was ich jetzt nicht mehr kann.

Para-Eishockey ist anders als normales Eishockey. Aber es ist immer noch Eishockey, und es ruft mir nicht immer in Erinnerung, dass ich meine Beine nicht mehr bewegen kann. Schwimmen ist etwas völlig anderes. Hier vermisse ich meine Beine ständig. Aber manchmal muss man den Schmerz und die Dinge, die einen an das erinnern, was man verloren hat, überwinden, um etwas noch Besseres zu bekommen. Also schwimme ich weiter. Ich beschließe, „es einfach zu machen".

Ich habe nichts zu verlieren und alles zu gewinnen.

Es gelingt mir, Kontakt zu einem Trainer aufzunehmen, der vor meiner Krankheit meinen alten Schwimmverein trainiert hat. Ich fange an, mit seiner neuen Mannschaft zu trainieren. Ehe ich mich versehe, bin ich bei meinem ersten Wettkampf – seit fast fünf Jahren.

„Auf die Plätze …" STARTSIGNAL!

Obwohl ich selbst von Achtjährigen geschlagen werde, stört mich das nicht. Ich mache wieder das, was ich so sehr liebe: Wettkampfschwimmen. Es ist ein hartes Stück Arbeit, aber nach und nach werde ich immer schneller und bin immer mehr im Einklang mit dem Wasser. Jetzt, da ich wieder schwimme, stelle ich fest, dass ich meine Beine nie wirklich wertgeschätzt habe. Ich war immer Brustschwimmerin. Wenn man die Beine nicht einsetzen kann, sind effektive Schwimmzüge – außer beim Freistil – fast unmöglich. Trotzdem gebe ich nicht auf.

Schwimme einfach weiter.

Schwimmen wird erneut meine Zuflucht. Die Welt um mich herum empfinde ich als chaotisch. Sie macht mich unsicher, aber sobald ich ins Wasser steige, kann ich das alles vergessen. Ich lasse die Schikanen an der Schule, die Zweifler und die riesigen Hürden, vor denen ich stehe, hinter mir. Wenn ich schwimme, geht es nur um das Wasser und mich. Alles andere ist unwichtig. Ich habe keine Ahnung, wohin mich das Schwimmen bringt; ich weiß nur, dass ich jeden Tag ins Wasser muss. Schwimmen wird meine Rettung und schenkt mir einen Platz, an den ich gehöre. Danach habe ich mich gesehnt und das habe ich mir gewünscht, seit ich aus dem „Locked in" aufgewacht bin.

Je mehr Fortschritte ich beim Schwimmen mache, umso mehr Fortschritte mache ich auch in meinem Alltagsleben und bei meiner Genesung. Ich werde kräftiger und unabhängiger. Ich kann nun selbstständig einen kleinen, leichten Rollstuhl bedienen. Das ist eine große Erleichterung. Und noch ein Wunder geschieht: Mein Verdauungstrakt arbeitet plötzlich wieder selbstständig! Ich bin geheilt und brauche meine Ernährungspumpe nicht mehr. Endlich kann ich wieder normal essen und verdauen. Fast fünf Jahre lang konnte ich – aus vielen Gründen – nicht essen. Einer der Hauptgründe war, dass mein Magen nach der Knochenmarksentzündung durch die Transverse Myelitis seine Funktion eingestellt hatte. Als Folge davon war ich rund um die Uhr auf eine Ernährungspumpe angewiesen, die direkt auf meinem Bauch angebracht war. Es ist mir gelungen, die Pumpe vor den meisten zu verbergen, aber jetzt bin ich einfach begeistert, dass sie fort ist und ich wieder normal essen kann. Wieder ein Bereich, in dem Normalität eingekehrt ist!

Zum ersten Mal seit fast fünf Jahren fühle ich mich weniger als Patientin und wieder mehr als Mensch. Ich stürze mich ins Lernen und lenke die Frustration, die die Gehässigkeiten meiner Mitschüler immer wieder auslösen, in den Ehrgeiz um, den kompletten verpassten Lernstoff aufzuholen und pünktlich meinen Abschluss zu machen. Mir ist bewusst, dass das alles andere als leicht sein wird, aber ich will zusammen mit meinen Drillingsbrüdern die Abschlussprüfungen machen. Ich bin überzeugt, dass das ein lohnenswertes Ziel ist. Nun ist mein Leben auf einmal wieder sehr voll: Ich spiele Para-Eishockey, reise mit meinem Vater durchs Land und ich bin wieder im Wasser.

Ich finde meinen Weg zurück.

Ich will an Wettkämpfen teilnehmen, ich will schnell sein und ich will das nicht länger nur zum Spaß machen. Meine nächste

Aufgabe besteht also darin, eine Schwimmmannschaft zu finden, in der ich trotz Handicap trainieren darf, und Wettkämpfe, bei denen ich antreten kann. Die Mannschaft, mit der ich aktuell trainiere, passt nicht ganz zu mir und ich brauche mehr Herausforderungen. Meine Schulmannschaft wird mir keine Chance geben, obwohl ich die erforderlichen Mindestzeiten für verschiedene Distanzen vorweisen kann. Die Schwimmvereine, bei denen ich es versuche, nehmen mein Anliegen nicht ernst. Ich bin für die meisten einfach die bemitleidenswerte Schwimmerin im Rollstuhl. Viele stecken mich in eine Schublade, bevor sie mich überhaupt kennenlernen oder meine Zeiten wahrnehmen. Mittlerweile verbringe ich fast meine gesamte Freizeit im Schwimmbecken. Meine Mutter unterstützt mich, spricht mir immer wieder Mut zu und feuert mich an.

Ich beschließe, meinen Para-Eishockeytrainer, Tom Carr, zu fragen, welche Chancen er beim Schwimmen für mich sieht.

Seine Antwort überrascht mich: „Wie wäre es mit den Paralympics?" Mir war bekannt, dass Para-Eishockey eine Disziplin bei den Paralympischen Winterspielen ist, aber ich wusste bis zu diesem Zeitpunkt nicht, dass es auch Paralympische Sommerspiele gibt.

Bedeutet das, ich könnte an Wettkämpfen mit anderen Sportlern teilnehmen, die ihre Beine auch nicht benutzen können?

Ich fange an zu recherchieren und finde heraus, dass die nächsten Sommerspiele schon in einem Jahr sind, und zwar in London! Meine Mutter stammt aus Großbritannien, und ein Großteil unserer Verwandten wohnt dort. Es wäre ein herrliches Wiedersehen und ein spannendes Abenteuer, wenn wir nach London fliegen könnten. Ich wollte schon immer einmal nach England. Also setze ich mir als Ziel, zu den Paralympics nach London zu fahren und für mein Land anzutreten. Ein sehr hoch gestecktes Ziel, wenn man bedenkt, dass ich gerade erst wieder mit dem Schwimmen angefangen habe. Aber ich nehme diese Herausforderung an. Ich fange an, einen Trainingsplan zu erstellen und mit verschiedenen Mannschaften zu trainieren, aber ich habe immer noch keinen geeigneten Trainer gefunden. Immerhin brauche ich jemanden, der mir das Unmögliche zutraut, denn mein ehrgeiziger Plan klingt äußerst verwegen.

Inzwischen arbeitet meine ganze Familie daran, mich bei meinem „unmöglichen" Traum so gut wie möglich zu unterstützen. Mein Onkel Russ fährt mit mir jeden Morgen mit dem Boot auf den See hinaus, schaltet den Motor aus und lässt sich im Wasser treiben, damit ich eine Markierung für meine Trainingsstrecke habe. Bei jeder Wende feuert er mich an.

Schließlich finde ich mithilfe meiner Mutter eine geniale Trainerin, Nicole. Ehe ich mich versehe, fahren wir zu meinem ersten Wettkampf für Menschen mit Behinderung in West-Massachusetts. Zunächst bin ich schockiert, als ich sehe, dass Menschen wie ich – in Rollstühlen und mit verschiedenen Behinderungen – gegeneinander antreten. Der Wettkampf läuft aber viel besser, als ich erwartet habe, und ich schwebe auf Wolke sieben.

Kurz nach dem Wettkampf spricht mich der Veranstalter an. Er ist von meiner Leistung begeistert. „Welche Pläne hast du in Bezug aufs Schwimmen?"

„Ich will nächstes Jahr zu den Paralympics 2012 in London."

Seinen verwirrten Blick werde ich nie vergessen. „Nächstes Jahr?!", fragt er. „Ja."

Er ist sprachlos und weiß nicht, was er sagen soll. Ich schaue ihn nur an und lächle. Ich verstehe nicht, was daran so verwirrend sein soll. Nach einigen Sekunden geht er neben mir in die Hocke, legt mir die Hand auf die Schulter, lächelt traurig und sagt: „Kleine, du hast keine Chance. Die meisten Sportler trainieren seit *Jahren*, um nächstes Jahr an den Olympischen Spielen teilzunehmen. Dieses Ziel ist definitiv zu hoch. Vielleicht hast du in vier Jahren bei den nächsten Sommerspielen eine Chance."

Was?

Ich bin am Boden zerstört, aber in diesem Moment denke ich nur:

Ich bin nicht Ihre „Kleine", Sir!

Ich lächle höflich und verlasse das Schwimmbad. Auf einmal habe ich es sehr eilig, wegzukommen. Wie kann jemand so brutal sein und einen Traum einfach zerschmettern, ohne mir den geringsten Hoffnungsschimmer oder Lichtblick zu geben? Wenn mich mein Weg eines gelehrt hat, dann, welche Macht in Hoffnung und Optimismus liegt. Wir wissen nicht, wozu wir fähig sind, solange wir es nicht versuchen – und entweder auf die Nase fallen oder über uns hinauswachsen. Aber wenn man den Sprung nicht wagt und es nicht zumindest versucht, wird man das niemals herausfinden. Ich bin überzeugt: Wenn man einen Glaubenssprung wagt, dann bekommt man entweder Flügel und kann fliegen oder Gott fängt einen auf.

Auf der Heimfahrt spreche ich nicht viel mit meiner Mutter; ich lasse den Kopf hängen und denke über das nach, was dieser Mann gesagt hat.

Hat er recht?

Ist das ein viel zu verrücktes Ziel?

Und wenn ich es nicht schaffe?

Ich will mich nicht zum Narren machen.

Ich habe wahrscheinlich wirklich keine Ahnung, ob meine Idee auch nur ein bisschen realistisch ist.

Er kennt sich in der Welt des Behindertensports aus und weiß es vermutlich besser.

Als ich über das alles nachdenke, fange ich an, an meinen Schwimmträumen und Zielen zu zweifeln. Ich bin am Boden zerstört.

Meine Mutter kennt mich besser als jeder andere Mensch. Das ist zwar bei den meisten Müttern so, aber nach allem, was wir zusammen durchgemacht haben, kennt sie mich wirklich ganz genau.

Sie sagt nicht viel und ich merke, dass sie etwas beschäftigt. Plötzlich fährt sie auf einen Parkplatz, dreht sich mit einem leidenschaftlichen, furchtlosen Blick zu mir herum und hebt den Zeigefinger. In ihrer eindringlichsten Stimme sagt sie: „Lass dir niemals von irgendjemandem sagen, was du kannst und was du nicht kannst. Wenn du daran glaubst und alles dafür tust, kannst du *alles* schaffen. Lass dir niemals etwas anderes einreden! Du bist so weit gekommen und hast so viel überwunden. Lass dir jetzt nicht von irgendjemandem sagen, dass du irgendetwas nicht könntest." Wow …

Schlagartig fasse ich wieder Mut und das Feuer ist entzündet. Meine Mutter hat – wie immer – recht: Wer ist dieser Mann, dass er meint, mir sagen zu müssen, was ich kann und was ich nicht kann? Er kennt mich überhaupt nicht und weiß nicht, wozu ich in der Lage bin. Außerdem habe ich eine besondere Eigenart: Wenn man mir sagt, dass ich etwas nicht kann, spornt mich das erst recht an, das Gegenteil zu beweisen. Und meine Mutter hat die Eigenschaft, dass sie nie vor einer Herausforderung kneift. Das habe ich eindeutig von ihr.

Und so fängt alles an.

Die Worte dieses Mannes werden für mich zur Antriebskraft, noch schneller und besser zu schwimmen. Im September 2011 fahre ich zu meinem ersten offiziellen paralympischen

Schwimmwettkampf in Santa Clara, Kalifornien. Zu sagen, dass ich eingeschüchtert bin, wäre eine starke Untertreibung. Ich bin „die Neue" in einer Welt, in der alle anderen schon jahrelang dabei sind und viel Erfahrung haben. Alle Schwimmer um mich herum tragen ihren Wettkampfanzug und ihre USA-Schwimmmützen, und sie wissen, was sie tun. Ich nicht. Ich bin einfach der Neuling aus New Hampshire. Bis zu den Paralympischen Spielen in London ist es nur noch ein Jahr.

Der Druck ist enorm.

Ich brauche nichts anderes zu tun, als schnell zu schwimmen und zu schauen, wohin mich mein Weg führt.

Nun ja, ich schwimme nicht nur schnell, sondern es gelingt mir auch, einen amerikanischen Rekord zu brechen, mich für die Ausscheidungswettkämpfe zu qualifizieren und in den erweiterten Kader aufgenommen zu werden. Das ist sehr viel auf einmal, wenn man bedenkt, dass ich erst vor einem Monat gesagt bekommen habe, dass ich es nicht einmal zu probieren brauche. Viele Trainer und Schwimmer sind verblüfft. „Wer ist dieses Mädchen aus New Hampshire?" Ich bin aus dem Nichts aufgetaucht, und ich fange an, im doppelten Sinn hohe Wellen zu schlagen.

Und das ist erst der Anfang.

Also fahre ich zu weiteren Wettkämpfen, aber obwohl ich einen Rekord gebrochen habe, werden meine Zeiten nicht viel besser. Sie sind ganz brauchbar, aber sie reichen noch lange nicht, um mich für die Paralympics zu qualifizieren. Ich weiß, dass ich mich steigern muss, aber ich weiß nicht, wo ich anfangen soll.

Eishockey-Trainer Tom empfiehlt mir einen Schwimmtrainer in Beverly, Massachusetts: John Ogden. Ich bin meiner früheren Trainerin für ihre Hilfe unendlich dankbar, aber ich muss mein Training jetzt umstellen und auch Langstrecken schwimmen.

Dabei kann mir meine aktuelle Trainerin nicht mehr helfen. Der YMCA in Beverly hat ein anerkanntes Schwimmprogramm. Als ich dort ankomme, weiß ich sofort, dass ich hier richtig bin. Trainer John begrüßt mich mit einem festen Händedruck. Wir gehen in sein Besprechungszimmer und er kommt gleich zur Sache. „Welche Ziele hast du?", fragt er ernst.

„Ich will es in den amerikanischen Paralympic-Kader schaffen und nach London fahren."

„Du willst es in den Kader schaffen und in einem halben Jahr an den Paralympics teilnehmen?"

„Ja."

Ich bin es aus der Vergangenheit so gewohnt, ungläubige Blicke von Trainern zu ernten, dass ich damit rechne, dass mich John genauso ansieht. Zu meiner Überraschung lächelt er und fragt:

„Wie wäre es mit der Idee, eine Goldmedaille zu gewinnen?"

Als er das sagt, muss ich laut lachen. Ich schaue zu meiner Mutter hinüber und schüttle den Kopf.

„Das wäre herrlich, aber ich weiß, dass das unmöglich ist."

„Warum? Wer sagt das?" John schaut mich immer noch ernst an. Seine Augen sind konzentriert und eindringlich. Ich begreife, dass er keine Scherze macht. Er meint es wahrhaftig ernst. Noch nie in meinem Leben habe ich jemanden gesehen, der so viel Zuversicht ausstrahlt. „Moment, Sie haben keinen Witz gemacht?"

„Natürlich nicht. Wenn ich dich trainiere, ist das unser Ziel."

Ich bin schockiert und begeistert zugleich. Zum ersten Mal glaubt ein Trainer an mich und hat sogar noch größere Ziele als ich selbst. John sieht etwas, das ich nicht einmal selbst sehe.

„Es wird nicht leicht, und wir müssen wirklich hart arbeiten. Für halbe Sachen bin ich nämlich nicht zu haben. Du musst mir versprechen, dass du voll und ganz dabei bist. Sieben Tage die

Woche, zwei bis drei Stunden am Tag. Neben der Schule musst du dich voll und ganz auf's Schwimmen konzentrieren. Wie sieht's aus? Bist du dabei?"

„Ja."

Versprochen.

Bald finde ich heraus, dass ich keine Ahnung hatte, worauf ich mich da eingelassen habe. Ehe ich mich versehe, schwimme ich nicht mehr 1.500 bis 2.000 Meter (an guten Tagen), sondern 8.000 bis 10.000 Meter. Nie zuvor wurde ich in meinem Leben so stark gefordert und herausgefordert. Ich schwimme mit Eliteschwimmern, die in der obersten Liga schwimmen und für die Olympischen Spiele trainieren.

Ein ganz signifikanter Unterschied zu allem, was ich bisher erlebt habe, ist: Ich werde wie jede(r) andere behandelt. In meiner Schule sehen meine Mitschüler auf mich herab. Hier bin ich ebenbürtig. Die anderen Schwimmer interessieren sich für mich und sehen nicht nur meinen Rollstuhl. Sie behandeln mich wie einen ganz „normalen" Menschen. Wenn ich Hilfe brauche, sind sie da und helfen mir, und wenn mein Trainer verlangt, dass ich nach einem anstrengenden zweistündigen Training noch weitere vierzig Minuten dranhänge, feuern sie mich an und treiben mich an, während ich das Letzte aus mir heraushole.

Meine Zeit in diesem Schwimmbecken ist nicht nur motivierend; sie hat eine heilende Wirkung und gibt mir den Glauben an Jugendliche in meinem Alter zurück. Ich habe einen Platz, an dem ich dazugehöre; ich werde respektiert und als gleichwertig behandelt. Nach allem, was ich durchgemacht habe, brauche und will ich das unbedingt.

Schon nach kurzer Zeit unter diesem Trainer sehe ich Ergebnisse. John treibt mich Woche für Woche weiter. Oft weiß ich nicht, wie ich aus dem Becken komme und es mit dem Rollstuhl noch zur Umkleidekabine schaffen soll. Meine Arme fühlen sich an wie Wackelpudding, und das ist einfach herrlich. So extrem habe ich mich mein ganzes Leben noch nie gefordert. Ich liebe Herausforderungen.

Da ich noch keinen Führerschein habe, fährt mich meine Mutter – die wie immer wunderbar ist – täglich zwei Stunden hin und zurück. Sieben Tage die Woche, bei jedem Wetter. Wenn wir um drei Uhr morgens bei schwierigen Witterungsbedingungen losfahren, geraten wir oft an unsere Grenzen. Ich bin so müde, dass ich eines Morgens im Winter aus Versehen das Verdeck des Autos öffne, statt das Licht einzuschalten, und eine Ladung Schnee ins Auto plumpst. Trotz der zweistündigen Autofahrt ist John gnadenlos, wenn ich auch nur eine oder zwei Minuten zu spät komme. Dann bespritzt er mich auf dem Weg zum Schwimmbecken mit kaltem Wasser aus einem Schlauch. Wenn ich nicht schnell genug bin, macht er das auch manchmal, weil er glaubt, dass mich das motiviert. Obwohl es nicht angenehm ist, angespritzt zu werden, ist es so herrlich, dass mich mein Trainer genauso behandelt wie seine anderen Schwimmer und nicht wie das Mädchen mit dem Rollstuhl. Und: Das kalte Wasser spornt mich definitiv an, schneller zu schwimmen.

Meine Schwimm-Mentalität verwandelt sich: Da ich von so vielen Eliteschwimmern umgeben bin, wächst meine Entschlossenheit, wirklich schnell zu schwimmen. Zuerst ist es meine Absicht, nicht mehr von anderen überrundet zu werden, aber dieses Ziel ändert sich rasch: Ich will die Führung übernehmen und mich nicht mehr überholen lassen. Trainer John holt Leistungen aus mir heraus, die ich nie für möglich gehalten hätte. Und er sieht etwas in mir, das ich selbst immer noch nicht ganz sehe. Wenn ich frage, warum ich diese wahnwitzigen Trainingseinheiten absolvieren und ein Zusatztraining anhängen muss, fragt John: „Du willst Gold gewinnen, stimmt's?"

„Ja."

„Die anderen Schwimmer trainieren schon viel länger als du; wir müssen das nicht nur aufholen, wir müssen besser, schneller und stärker sein." Daran erinnert er mich immer dann, wenn ich meine, nicht noch mehr schaffen zu können. Aber auf diese Weise mache ich wirklich Boden gut. Dass ich diese ganzen Jahre verloren habe, motiviert mich – auch wenn es manchmal an Wahnsinn grenzt –, wie eine Verrückte zu trainieren. Beim nächsten Wettkampf zahlt sich mein hoher Einsatz aus.

„Was macht die denn hier?", höre ich ein Mädchen, das ungefähr in meinem Alter ist, zu seiner Mutter sagen. Die Mutter schaut mich und meinen Rollstuhl an und verdreht die Augen.

Es ist das Finale in 800-Meter-Freistil. Da die Zeit gemessen wird und wir in einem großen Becken schwimmen, teilen sich immer zwei Schwimmerinnen eine Bahn. Das ist bei kleineren Wettkämpfen und bei Langstreckenwettkämpfen nichts Ungewöhnliches. Ich bin noch nie die 800-Meter-Distanz geschwommen, aber mein Trainer ist optimistisch, dass ich das schaffe, da die meisten Langstreckenschwimmer kaum ihre Beine einsetzen. Beim Langstreckenschwimmen geht es primär um Ausdauer und darum, seine Kraft und sein Tempo einzuteilen und den richtigen Rhythmus zu finden. Und es geht darum, ruhig, cool und konzentriert zu bleiben.

Mein Vater ist bei mir. Er ist im Eishockey ein Genie, aber von Schwimmen hat er *keine* Ahnung. Er weiß nur, dass er auf den roten Knopf an der Stoppuhr drücken muss, um meine Zeit zu messen. Bei kleineren Veranstaltungen helfen Eltern oder Schwimmer oft bei der Zeitmessung. Mein Vater macht das zum ersten Mal. „Viel Glück, Schatz!" Er klopft mir auf den Rücken und tritt dann neben die Mutter der Schwimmerin zurück, mit der ich die Bahn teile. Es ist die Schwimmerin, die vorher die unfreundliche Bemerkung über mich gemacht hat. Sie startet. Zwanzig Sekunden später bin ich an der Reihe.

„Auf die Plätze …"

STARTSIGNAL!

Schwimmen, besonders Langstreckenschwimmen, ist für mich immer ein sehr beruhigendes Erlebnis. Ich liebe es, Zeit zu haben und mich in einem friedlichen Rhythmus durchs Wasser zu bewegen. Langstreckenschwimmen ist eine mentale Sache; man muss in eine Art meditativen Zustand eintauchen und darauf achten, dass der Körper und das Gehirn entspannt bleiben. Wichtig ist, dass man immer Vertrauen ins eigene Training hat.

Schwimm einfach weiter.

Während des Wettkampfs sehe ich, wie mir Trainer John am Beckenrand signalisiert, dass ich bei jeder Bahn ein wenig schneller werden soll. Ich vertraue meinem Trainer und weiß, dass das im Vergleich zu dem, was ich im Training täglich absolviere, *nichts* ist, und befolge seine Anweisung. Während ich seinen Signalen gehorche, sehe ich irgendwann die Füße der anderen Schwimmerin vor mir. Ihr geht allmählich die Puste aus und wir haben noch ungefähr die halbe Strecke vor uns. Jetzt werde ich ein wenig gehässig und lege einen Zahn zu.

„Was macht die denn hier?"

Ihre Worte von vorher spornen mich an, sie einzuholen.

John fängt an, aufgeregt auf- und abzuspringen, als ich sie überhole. Ich kann hören, wie meine Teamkameraden ausflippen, und ich sehe, wie John mit den Armen fuchtelt. Zu diesem

Zeitpunkt habe ich noch ungefähr 200 Meter vor mir und beschließe, den Rest zu sprinten. Meine Arme fliegen und ich kann fühlen, wie mein Körper buchstäblich aus dem Wasser gehoben wird. In diesem Moment weiß ich es:

Ich kann es weit bringen.

Ich kann gewinnen.

Ich kann sie schlagen.

Ich werde nie den Moment vergessen, als ich dieses Mädchen überrunde und am Beckenrand anschlage. Ich bin so begeistert, dass ich sie überholt habe, dass ich gar nicht mitbekomme, welche Zeit ich geschwommen habe. Mein Vater – der ahnungslose Eishockeytrainer, der plötzlich beim Schwimmen die Zeit messen soll – tätschelt meinen Kopf und sagt: „Gut gemacht, Schatz." Ich hätte den schlechtesten Wettkampf meines Lebens hinlegen können und er wäre trotzdem stolz auf mich gewesen. So ist er einfach. So sind meine Eltern nun einmal. Sie machen uns nie Druck und benehmen sich auch nicht wie manche Eltern, die durch die Leistungen ihrer Kinder aufleben. Sie wollen nur, dass wir glücklich sind und Spaß haben. Dad zwinkert mir zu und lenkt meinen Blick zu der Mutter des Mädchens, die völlig verdattert ist, dass ich ihre Tochter überrundet habe. Diese Frau freut sich offensichtlich *nicht*. Während ich diesen Moment genieße, fängt mein Trainer plötzlich an zu schreien: „Weltrekord, Weltrekord! Sie hat den Weltrekord gebrochen!"

Weltrekord?

Mir war der Weltrekord vage bewusst, aber ich hatte nie erwartet, dass ich ihn brechen könnte. Schließlich bin ich die 800-Meter-Freistil *noch nie* in einem Wettkampf geschwommen und sollte hier einfach nur Wettkampferfahrung sammeln. Einen Weltrekord zu brechen war nie ein realistisches Ziel für mich. Als Kind war ich immer vom *Guinnessbuch der Rekorde* begeistert, aber ich hätte nie gedacht, dass ich eines Tages selbst einen Weltrekord aufstellen würde. Bis ich angefangen habe, bei John zu trainieren, hatte ich mich nicht einmal sonderlich für Zeiten interessiert; ich hatte nur versucht, unbeschadet am anderen Ende des Beckens anzukommen.

Du kannst das.

Nach diesem Moment verändert sich alles. Obwohl 800-Meter-Freistil keine Disziplin bei den Paralympics in London ist, legt dieser Sieg die Voraussetzungen und die Erwartungen für die Wettkämpfe fest. Das Feuer, das ich bei diesem Wettkampf erlebe, entzündet einen Funken, den mein Trainer unbedingt weiter fördern will. Ich schwimme schnell – schneller als alle anderen auf der Welt in meiner Wettkampfklasse. Dieses Gefühl gefällt mir. Wem würde dieses Gefühl nicht gefallen? Nachdem ich diesen ersten Weltrekord gebrochen habe, will ich diesen Triumph wiederholen. Dieses Ziel beherrscht fortan mein ganzes Denken. Ich will weiterhin die Schnellste sein. Wie ein Autorennfahrer will ich immer weiterfahren und alle anderen schlagen.

Schneller.

Schneller.

Schneller.

Ich breche mehrere amerikanische und panamerikanische Rekorde und nähere mich langsam mehreren Weltrekorden. Das macht mich zu einer Medaillenanwärterin bei den Spielen. Ich habe die Weltrekorde auf langen Strecken gebrochen, aber diese Disziplinen gibt es bei den Paralympics nicht. In London werden nur die 400-, 100- und 50-Meter-Freistil geschwommen. Und mein Ziel ist, bei diesen Disziplinen anzutreten.

Trainer John ist mein Fels. Bei den Wettkämpfen geht es nur um ihn und mich. Ich kenne noch nicht viele aus dem erweiterten

Auswahlkader, und als Außenseiterin werde ich nicht immer herzlich aufgenommen. Aber ich bin es gewohnt, mein eigenes Ding zu machen, und solange John bei mir ist, bin ich gut. Wir haben bei jedem Training und bei jedem Wettkampf ein klares System und Ziel. Wir sind ein eingespieltes Team, und unser Plan ist schlicht und einfach:

Versuche, Gold zu gewinnen.

Aber eigentlich will ich es nur in den Paralympic-Kader der USA schaffen. Alles, was danach kommt, wäre nur noch ein Sahnehäubchen. Trotzdem treibt mich John weiter an und motiviert mich, schneller und besser zu werden. Bei den anstrengenden Trainingseinheiten und verschiedenen Wettkämpfen mit wenig Zeit zum Ausruhen entwickeln wir eine Dynamik, die eindeutig auf Gold ausgerichtet ist. Wir versuchen, das Unmögliche zu erreichen, obwohl wir kaum noch ein halbes Jahr Zeit haben. Das ist für John und für mich manchmal sehr anstrengend. Aber nach und nach rückt unser Ziel immer mehr in den Bereich des Möglichen. John lässt nicht zu, dass ich nachlasse – es geht um alles oder nichts –, obwohl er eine Weile gebraucht hat, bis er meine Eigenheiten und Marotten verstanden hat.

Bei meiner Einstimmung auf einen Wettkampf war ich schon immer sehr eigen. Schon als Kind habe ich meine Routine ganz genau festgelegt: immer der gleiche Energieriegel, eine blaue Dose „Gatorade", dieselbe Schwimmbrille, dieselbe Schwimmmütze und derselbe Schwimmanzug. Außerdem habe ich eine sehr eigenwillige Art, mich auf einen Lauf vorzubereiten. Mit meinen albernen Angewohnheiten, mich mental einzustimmen, hat John mich zunächst bestimmt für etwas durchgedreht gehalten. Und das, was ich vor jedem Lauf mache, hat diesen Eindruck wahrscheinlich endgültig bestätigt.

Für jedes Baby ein Schoß – Familie Arlen1994

Aller guten Dinge
sind drei

Immer schon gerne im Wasser

Ich liebe meine Mama – trotz meiner Pilzfrisur ;-)

Eines der letzten Fotos unserer Viererband, bevor ich krank wurde

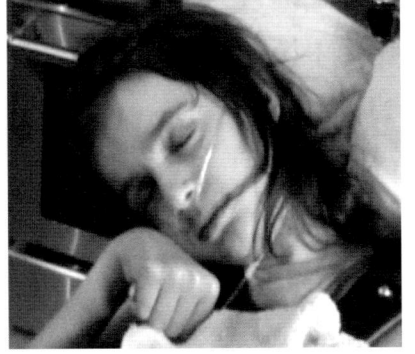

Mit 15 geht jeder durch eine schwierige Lebensphase – meine war offensichtlich besonders außergewöhnlich

Der Moment, in dem ich meine Familie nach der Medaillenübergabe im Publikum entdeckte

Meine Lieblingsmenschen

Fotos: privat

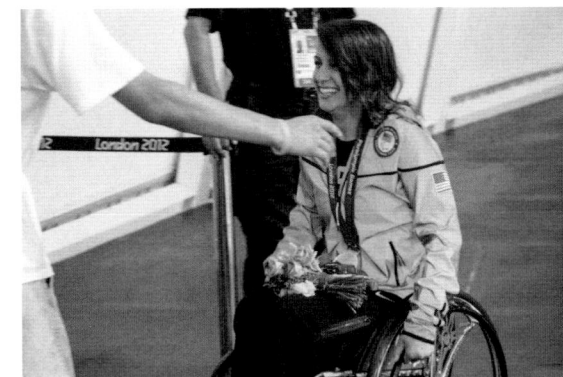

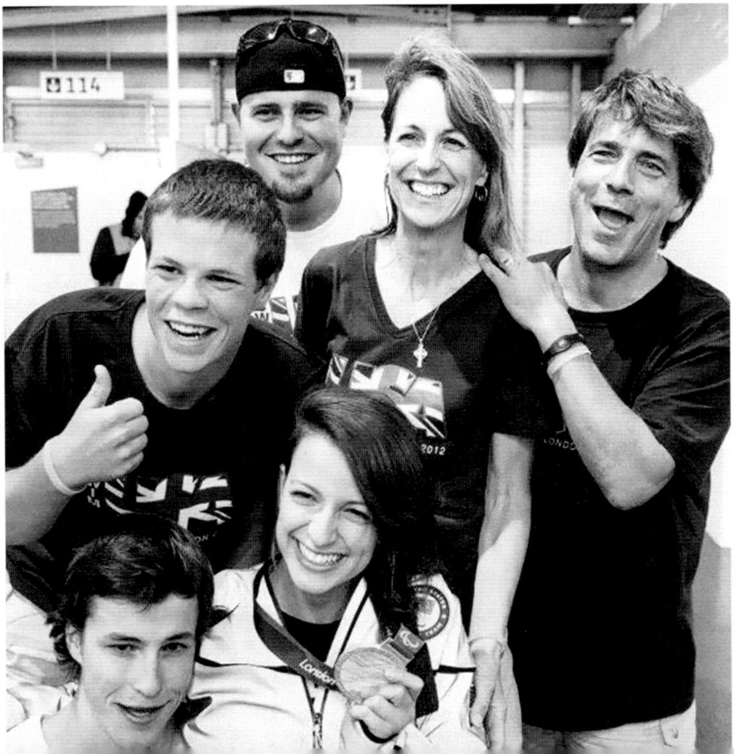

Foto: Joe Faraoni/ESPN Images

Offiziellen ESPN-Moderatorenfoto

Am ersten Tag im neuen Job treffe ich auf eine Legende:
Michael Phelps

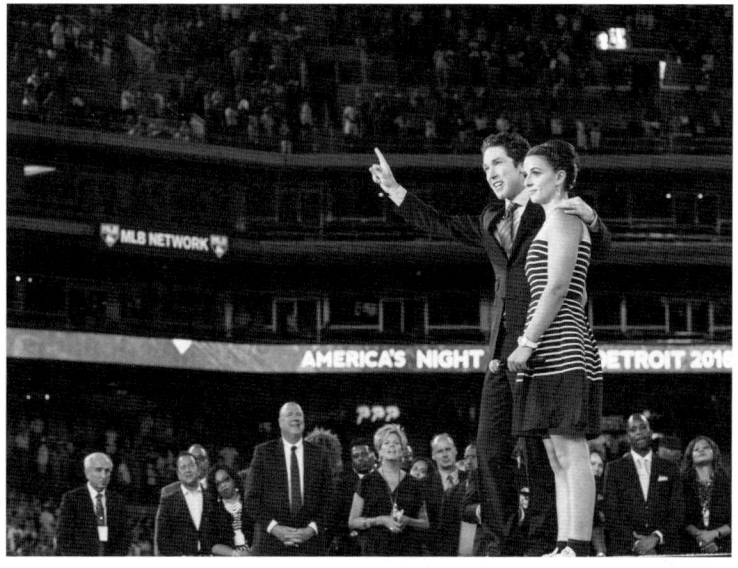

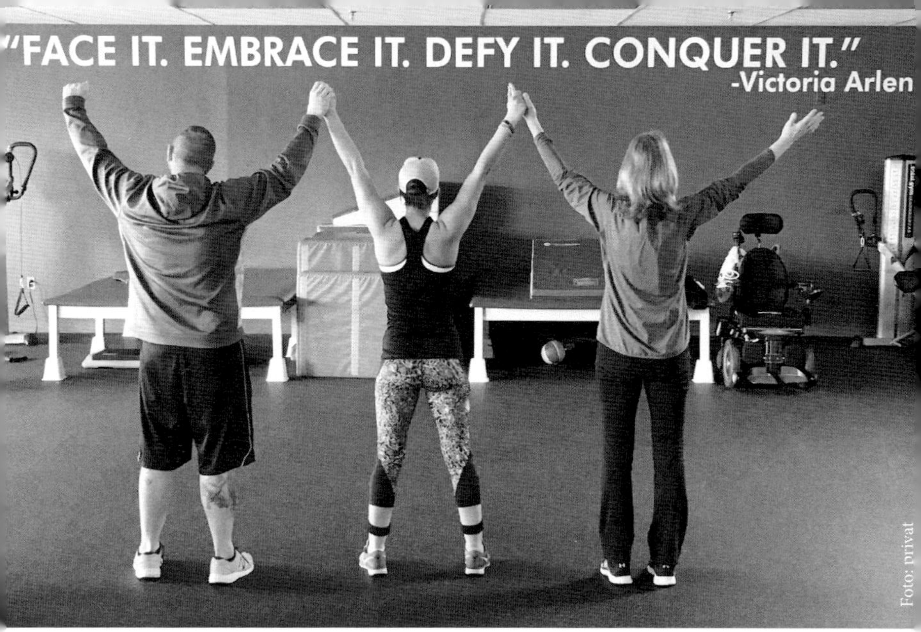
"FACE IT. EMBRACE IT. DEFY IT. CONQUER IT."
-Victoria Arlen
Foto: privat

Ich würde nicht wieder auf eigenen Beinen stehen können ohne meinen Trainer *(links)* und meine Mama *(rechts)*

MLB NETWORK
AMERICA'S NIGHT
ETROIT 201

Foto: Lakewood Church

In Detroit stehe ich bei der „*Nacht der Hoffnung*" mit Joel Osteen vor tausenden Menschen. Das war der Moment, in dem ich begriffen habe, wie viel Kraft es entfaltet, wenn ich meine Geschichte erzähle und wie viel Hoffnung ich dadurch verbreiten kann

Auf dem Gipfel eines Berges – es gibt kein großartigeres Gefühl

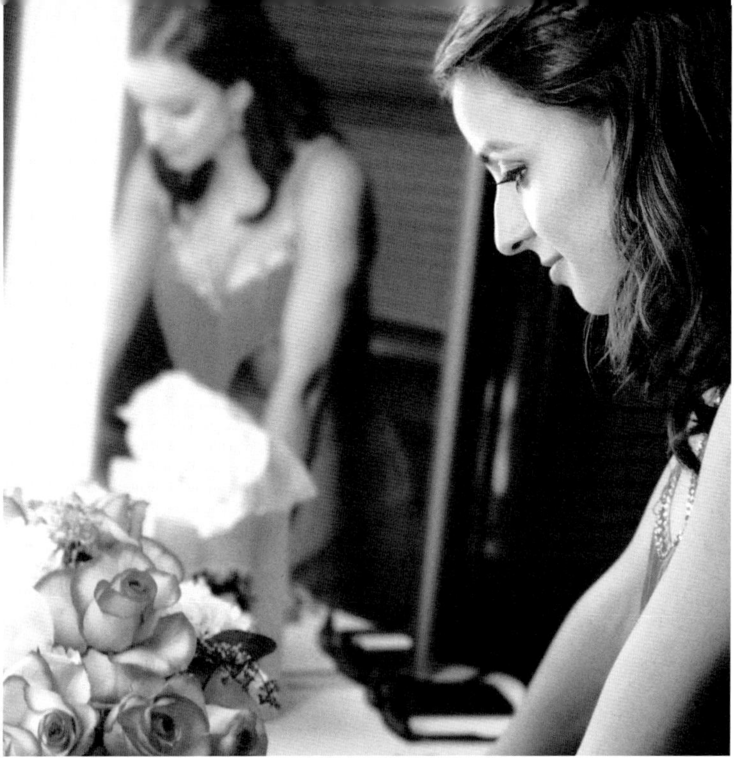

Nach meinem ersten Auftritt bei *Dancing with the Stars* überwältigen mich meine Gefühle

Mein *Dancing with the Stars*-Partner Valentin Chmerkovskiy

Vom Schwimmbecken auf die Tanzfläche – Trainer John war immer einer meiner größten Unterstützer

Wir haben ganz schön viel hinter uns. Ich bin so unglaublich dankbar, dass meine Eltern jeden Schritt meines Weges begleiten

„Jetzt kommt 100-Meter-Freistil?", frage ich John. „Da bewege die Arme so, oder?" Und ich mache die Kraulbewegungen durch die Luft.

„Du willst mich wohl auf den Arm nehmen, oder?" Der Blick, mit dem er mich ansieht, ist eine Mischung aus Verwirrung und ernster Sorge. John hat noch nicht begriffen, dass ich mich so vorbereite. Aber nach jenem ersten Weltrekord versteht er, dass meine albern anmutenden Marotten mir nicht schaden. Statt mich zu hinterfragen oder mich perplex anzusehen, lächelt er einfach, schüttelt den Kopf und gibt mir einen Klaps auf meine Bademütze. „Schwimm einfach schnell, Mädchen. Vertraue deinem Training."

Die meisten Wettkämpfe, an denen wir teilnehmen (abgesehen von den Ausscheidungswettkämpfen für die Paralympischen Spiele), sind normale Wettkämpfe. Das heißt, dass ich die einzige Teilnehmerin bin, die ihre Beine nicht benutzen kann. Ich werde nicht mehr von Achtjährigen geschlagen, sondern halte mit den Besten mit. Ich komme nicht als Erste ins Ziel, aber ich bin nie die Letzte, und das ist alles, was für mich zählt.

Hauptsache, du bist nicht die Letzte.

Es mag verrückt klingen, dass es mein Ehrgeiz ist, nicht die Letzte zu sein, aber ich habe so lange hinter den anderen zurückgelegen, dass ich mich schon freue, wenn ich Vorletzte bin. Das ist ein Zeichen dafür, dass ich stärker und schneller werde.

Aber ich bin überzeugt, dass ich irgendwann die Erste sein werde. Dazu bin ich wild entschlossen. Man kann es erst wirklich schätzen, Erste zu sein, wenn man oft genug Letzte war. Es ist demütigend, ärgerlich und frustrierend, Letzte zu sein. Doch wenn man diese Erfahrung immer und immer wieder gemacht hat, ist es noch aufregender und wunderbarer, auch einmal Erste zu werden.

9
Rekorde und Widerstände

Juni 2012 bis September 2012

„Ein neuer Weltrekord!" Das Publikum jubelt, als ich aus dem Wasser auftauche. Seit ich in die Welt zurückgekehrt bin, bin ich kein Freund von lauten Geräuschen und Menschenmassen. Ich blicke mich um und versuche zu begreifen, was los ist. Ich höre, dass etwas von einem Weltrekord gesagt wird. Um mich von dem Wettkampf, den ich gerade geschwommen bin, abzureagieren, beuge ich mich zu der Schwimmerin auf der Bahn neben mir hinüber und frage: „Wer hat den Weltrekord gebrochen? Das ist ja echt cool."

„Du", antwortet sie nüchtern. „Gratuliere."

Wie bitte? Ich?

Ich habe das geschafft?

Vor diesen vielen Leuten?

Es ist der erste Tag der Ausscheidungskämpfe für die Paralympischen Spiele in London 2012 und ich schwimme 400-Meter-Freistil. Noch vor wenigen Monaten (bevor ich anfing, mit John zu trainieren), habe ich diese Strecke zum „Ausschwimmen" nach meinem Training genutzt und wusste nicht wirklich, wie man sie ordentlich schwimmt. Ehrlich gesagt hatte ich allgemein nicht viel Ahnung von Sprints.

Da ich meine Beine nicht einsetzen kann, fällt mir Sprinten ohnehin viel schwerer als Langstreckenschwimmen. Meine Arme behalten gern eine gleichmäßige Geschwindigkeit bei. Wenn ich sie zwinge, sich schneller zu bewegen, ist das eine große Herausforderung. Langstrecken fallen mir leicht – selbst wenn ich gegen Schwimmer ohne Behinderung antrete. Man muss nämlich nicht unbedingt seine Beine einsetzen, um in dieser Disziplin gut zu sein.

Als ich erfahre, dass ich den bestehenden Weltrekord gebrochen habe, bin ich im ersten Moment sehr überrascht. Im Vorfeld ist klar: Ich *muss* bei diesem Wettkampf gut abschneiden, damit ich eine Chance habe, es in den Nationalkader zu schaffen. Vor diesem Wettkampf bin ich aber nicht richtig ausgeruht und vom Training ziemlich kaputt. Aber da ich John und seinem Training vertraue, tue ich das, was ich immer mache: Ich schwimme schnell durchs Becken.

John wird stolz auf mich sein.

Ich paddle zum Beckenrand, wo er mit meinem Rollstuhl auf mich wartet. Ich rechne mit einem kleinen Lob von ihm, aber ganz in John-Manier sagt er nur: „Du hättest es noch schneller schaffen können!" Mehr Anerkennung gibt es an diesem Tag nicht von ihm. Ich war schneller als alle anderen auf der Welt in meiner Wettkampfklasse, aber John will trotzdem noch mehr. Doch genau das ist es, was einen genialen Trainer von einem guten Trainer unterscheidet. Selbst als ich bei diesem Wettkampf als „Weltbeste" ins Ziel komme, macht mir John klar, dass ich noch besser werden kann.

Viele Menschen geben sich damit zufrieden, wenn sie einen Rekord brechen oder ein bestimmtes Ziel erreichen. Daran ist nichts falsch, aber meine Ziele und Johns Visionen gehen weit über das hinaus, was ich jetzt gerade schaffe. Er und ich glauben, dass ich nie aufhören sollte, mich herausfordern zu lassen und mir immer höhere Ziele zu stecken. Es spricht natürlich nichts dagegen, zu feiern und Erfolge zu genießen, aber man muss weiter nach oben *wollen* und ehrgeizig bleiben.

Bleib hungrig.

Schwimm schneller.

Strebe den Sieg an.

Später breche ich noch einen Weltrekord auf 400-Meter-Freistil und stelle die neuen amerikanischen und panamerikanischen Rekorde über 50-Meter-Freistil und 100-Meter-Brust auf.

Johns Reaktion ist immer die gleiche: „Du hättest es schneller schaffen können." Ich werde tatsächlich bei jedem Wettkampf schneller, aber er pusht mich immer weiter. Ich habe mich nämlich immer noch nicht für den Nationalkader qualifiziert. Wahrscheinlich bin ich einfach noch zu „frisch im Geschäft". Ich kann mich also nicht zurücklehnen, meine Siege feiern und davon ausgehen, dass ich schon in den Kader aufgenommen werde. Im Gegenteil, ich bin nervös und mache mir Sorgen, dass ich es eventuell doch *nicht* schaffe. Auch nachdem ich drei Weltrekorde gebrochen habe, werde ich erst glauben, dass ich nun wahrhaftig im Kader bin, wenn mein Name verkündet wird.

John und ich konzentrieren uns auf jeden Wettkampf. Zum ersten Mal in meinem Leben bin ich vorne, aber ich schwimme und trainiere, als wäre ich hinten. „Konzentriere dich während des Wettkampfs nicht darauf, in den Kader zu kommen", sagt John. „Schwimme einfach und sei schnell. Mehr brauchst du nicht zu tun. Der Rest kommt dann ganz von selbst." Mein Leben hat nur noch einen Inhalt: Ein Rennen nach dem anderen, schnellere Zeiten, Rekorde brechen und Respekt erarbeiten.

„Victoria Arlen, willkommen im amerikanischen Kader für die Paralympischen Spiele 2012!"

Das bin ich!

Mein Name! Ich! Das Mädchen, dem noch vor drei Jahren gesagt wurde, dass es nie mehr irgendetwas erreichen wird, steht im Paralympic-Kader der USA.

Ich habe es geschafft.

Ich fliege nach London.

*

Nach dem letzten Ausscheidungswettkampf sitze ich in Bismarck, North Dakota, in einem Saal und warte, während die Namen der Schwimmer vorgelesen werden. Ich umklammere den Rucksack auf meinem Schoß, auf dem steht: „Team USA, 2012". Viele Namen werden genannt, viele werden nicht genannt. Ich sehe, wie Schwimmer, die so schwer und so lange trainiert haben, unter Tränen den Raum verlassen, während andere Freudensprünge machen. Mein Herz leidet mit den Schwimmern, die es nicht in den Kader geschafft haben.

Bei den Ausscheidungswettkämpfen habe ich viele von ihnen kennengelernt, und ich finde, sie haben auch eine Chance verdient. Aber so läuft es nun einmal. Man muss einfach irre schnell schwimmen und wenn man das in den entscheidenden Momenten nicht hinkriegt, dann war's das. Schwimmen kann ein brutaler Sport sein. Wenn man gut ist, überschlagen sich die Glücksgefühle, und wenn man nicht ganz so gut ist, ist man am Boden zerstört.

Die Namensverkündigung im Saal ist zu Ende. Für alle, die im Kader sind, geht es in einem anderen Raum weiter. Ich habe nur kurz Zeit, um meine Mutter zu umarmen und ihr zu danken. John ist schon zu einem anderen Wettkampf weitergefahren, aber ich schreibe ihm schnell eine Nachricht, dass ich es geschafft habe. Ich hätte mir denken können, wie seine Reaktion lautet: „Gut. Auf uns wartet noch viel Arbeit. Du musst schneller werden."

Unglaublich!

Ich fahre nach London.

Bei der anschließenden Besprechung bekommt jeder von uns eine Mappe mit ellenlangen Paragrafen und Mannschaftsregeln. Es gibt sogar Verhaltensregeln, die festlegen, was man zu tun hat, wenn die Flagge gehisst und die Nationalhymne gespielt wird. Außerdem erfahren wir die Geschichte der Olympischen und der Paralympischen Spiele. Ich bin wirklich hier! Das ist kein Traum! Mir ist zu diesem Zeitpunkt nicht bewusst, dass durch meine Nominierung in den Medien ein Flächenbrand entfacht ist.

Sobald ich in Boston lande, beginnt mein Handy zu klingeln. Große Nachrichtensender rufen an und bitten um Interviews – mit Schlagzeilen wie „Schwimmerin aus New Hampshire bricht Schwimmstar Ellie Simmonds' Rekord" und „In London erwartet uns ein Kampf der Teenager".

Aus heiterem Himmel muss ich lernen, mit den Medien umzugehen. Und es ist das erste Mal, dass ich gebeten werde, *meine Geschichte* zu erzählen.

Ich will meine Geschichte aber nicht erzählen.

Ich bin kein Fan von großem Trara, sondern will einfach mein Ding durchziehen und alles tun, damit meine Familie und Gott stolz auf mich sein können. Mir gefällt Angeberei und Prahlerei nicht. Mein bisheriger Lebensweg hat mich demütig werden lassen. Aber die Medienwelt will unbedingt meine Story hören. Und ich weiß, wenn ich erst einmal anfange, Details zu erzählen, werde ich keine Ruhe mehr haben. Deshalb erzähle ich so vage wie möglich von mir und versuche, die Zeit des „Locked in" geflissentlich zu überspringen. Ich will, dass es bei meiner Geschichte ums Schwimmen und um London geht. Aber die Reporter bohren ständig nach, und ehe ich mich versehe, bin ich eine „internationale Inspiration". Schnell wird mir klar: Medienauftritte und Training unter einen Hut zu bringen, ist unbeschreiblich schwer. Ich habe so gut wie keine Zeit mehr, um Luft zu holen. Das Motto lautet: Arbeit, Arbeit und noch mehr Arbeit. Wenn ich nach Johns Maßstäben nicht „hart genug" dranbleibe, brummt er mir Zusatztraining auf.

Nebenbei erfahre ich, dass hinter den Kulissen ein weiterer Flächenbrand entfacht wurde. Ich habe nicht nur Ellies Rekorde gebrochen, ich habe auch in England einen Drachen geweckt.

Für die Paralympischen Spiele wird jeder Teilnehmer vom Internationalen Paralympischen Komitee (IPC) klassifiziert, bevor er bei irgendeinem Wettkampf antreten kann. Für Schwimmer besteht ein Klassifizierungstest aus einem Laborversuch und einem Schwimmtest. Beim Labortest wird der Körper nach einem Punktesystem untersucht, bei dem der Grad der Behinderungen und die verbliebenen Fähigkeiten gemessen werden. Alle Gliedmaßen und Muskelgruppen werden intensiv untersucht. Schließlich werden die Testergebnisse zusammengezählt.

Danach kommt der Schwimmtest, bei dem nach einem eigenen Punktesystem das Schwimmen bewertet wird. Anschließend wird noch ein Wettkampf beobachtet und dann erst eine endgültige Klassifizierung vorgenommen. Bei allen bisherigen Klassifizierungen wurde ich durchgehend als S6 eingestuft. Das S gibt den Schwimmstil an (Freistil, Schmetterling und Rücken). Die Klassen rangieren von 1 (stärkste Behinderungsstufe) bis 10 (geringste Behinderungsstufe).

Aber ein paar Leute zweifeln nun meine Klassifizierung an, da ich bei den Ausscheidungswettkämpfen mehrfach Weltrekorde gebrochen habe. Deshalb bekomme ich eine E-Mail, in der meine Klassifizierung infrage gestellt wird. Als ich die Nummer 75 in der Weltrangliste der gehandicapten Schwimmer war, hat niemand meine Klassifizierung angezweifelt, aber sobald ich Nummer eins bin, ändert sich alles.

Offenbar haben früher einige Sportler betrogen und sich als behindert ausgegeben, um zu den Spielen zugelassen zu werden. Als ich davon das erste Mal hörte, musste ich unwillkürlich lachen.

Man muss ziemlich wirr im Kopf sein, um das zu machen.

Glaubt mir, wenn ich die Wahl hätte, hätte ich viel lieber KEINE Behinderung.

Ich hasse es, im Rollstuhl zu sitzen.

Da es ein Olympiajahr ist und da ich praktisch aus dem Nichts aufgetaucht bin, ist man misstrauisch. Das ist verständlich. Aber den Skeptikern ist nicht bewusst, dass ich in den letzten sechs Jahren um die Basics in meinem Leben gekämpft habe: Ich habe mich aus dem „Locked in"-Syndrom herausgekämpft, gelernt, mich zu bewegen, zu essen und normal zu funktionieren, und trainiert, ausschließlich mit den Armen zu schwimmen.

Ich schmiede jedenfalls kein „heimliches" Komplott, um meine Teilnahme bei den Paralympics zu erschwindeln. Trotzdem muss ich sehr viele Arztberichte vorlegen, um meine Behinderung zu beweisen und bei den Spielen neu getestet zu werden. Das lässt mich fast verzweifeln. Ich will mich doch einfach nur auf mein Training konzentrieren und mich auf die Wettkämpfe vorbereiten. Meine Familie kauft Flugtickets und plant, zu den Spielen nach London zu kommen. Sollte ich in eine andere Klassifizierung eingestuft werden, wird mein ganzer Terminplan über den Haufen geworfen und meine Familie kann mir nicht zusehen. Da mich eine ziemlich große Truppe nach London begleiten will, möchte ich nicht, dass sie ausgerechnet meine Wettkämpfe dann vielleicht verpassen.

Aber Trainer John lässt nicht zu, dass ich mich durch diese Begleiterscheinungen von meinem Ziel abbringen lasse. „Nimm das als zusätzlichen Ansporn für dein Training. Egal, was sie tun oder sagen, wir werden bereit sein. Du wirst bereit sein." Auch wenn John sehr streng ist, verstehe ich, dass er weiß, wozu ich fähig bin, und dass er mir helfen will, mein Denken auf „besser, stärker, schneller" zu konzentrieren. Manchmal sind wir beide wie Feuer und Wasser. Er treibt mich bis an meine Grenzen, weil er genau weiß, was er sagen muss, um mich auf die Palme zu bringen, und das macht mich noch schneller. Er kennt mein Potenzial und erwartet bei jedem Training Spitzenleistungen. Wenn ich im Training keine Rekorde breche oder nicht zumindest kurz davorstehe, folgen härtere Einheiten. Und hin und wieder setzt er den Schlauch mit dem kalten Wasser ein. Schaffe ich die Zeiten nicht, die John vorgibt, schwimme ich weiter und weiter und weiter, bis ich die Marke knacke. Manchmal dauert das Training über drei Stunden. Doch selbst wenn ich hundemüde und manchmal frustriert bin, liebe ich dieses Training. John ist immer die Stimme der Vernunft. Bei jedem Wettkampf wächst mein Vertrauen in meine Fähigkeiten, und unter Johns Leitung mache ich zudem einen Crashkurs für mein Auftreten auf der internationalen Bühne.

Essen.

Atmen.

Schwimmen.

Schlafen.

Immer wieder.

Es geht los.

Ehe ich mich versehe, sitze ich im Flugzeug nach Deutschland zum Trainingslager. Ich habe mich mit den meisten Schwimmern angefreundet und wir werden sehr schnell wie eine Familie. Ich war nie zuvor im Ausland und bin in meinem Rollstuhl noch nie so weit geflogen. Insofern habe ich ehrlich keine anderen Pläne, als dieses Abenteuer einfach zu genießen. Es gelingt mir noch nicht, in einem Flugzeug zu schlafen, und ich bin seit fast 24 Stunden wach, als wir in Stuttgart landen. Übermüdet und überdreht treffen wir auf dem amerikanischen Stützpunkt ein und werden unseren Gastfamilien vorgestellt. Wir wohnen während des Trainingslagers bei Armeeangehörigen, die auf dem Stützpunkt leben.

Ich freue mich, dass ich in eine wunderbare Familie komme, die mit mir nach Stuttgart und auch zum Gottesdienst fährt. Sie geben mir ein Familiengefühl, das ich „in der Fremde" schmerzhaft vermisse. Meine Gastfamilie ist ein großer Segen. Sie zeigen mir ein wenig von Deutschland und helfen mir, mein Heimweh zu vertreiben.

Da ich neu klassifiziert werden soll, muss ich – zusammen mit einigen anderen Schwimmern – vorzeitig nach London fliegen. Wir sind sehr enttäuscht, weil wir dadurch die offizielle Ankunftsfeier der amerikanischen Olympia-Sportler verpassen.

Ich soll von zwei Experten klassifiziert werden. Mein Termin mit ihnen ist am frühen Morgen. Sie haben eine seitenlange Dokumentation bekommen, in der meine Rückenmarksverletzung aufgrund der Transversen Myelitis bestätigt wird. Auch die verschiedenen Behinderungen in meinem Oberkörper, einschließlich der Spastik in meinen Händen und Armen, die immer noch da ist und mir Probleme bereitet, ist ausführlich dokumentiert. Das Untersuchungszimmer befindet sich unter der Tribüne des Schwimmstadions und hat weiße Betonwände und keine Fenster.

Ich werde von Erin, meiner Betreuerin innerhalb des amerikanischen Kaders, begleitet. Ich lernte sie kennen, als ich vor einem Jahr zum ersten Mal klassifiziert wurde. Die Experten marschieren herein, sehen meine Hände an – die logischerweise spastisch sind – und gehen wieder. Dann warten Erin und ich zwei Stunden. Wir warten und warten und warten. Niemand kommt zu uns ins Zimmer.

„Was ist da los?"

„Das weiß ich nicht genau", antwortet Erin mit besorgter Miene. „So lang dürfte es eigentlich nicht dauern." Im vergangenen Jahr habe ich die Erfahrung gemacht, dass Klassifizierungsuntersuchungen normalerweise nicht länger als eine Stunde dauern.

Klopf, klopf.

Die Experten kommen endlich wieder in den kahlen Raum und treten auf Erin und mich zu. Mein Magen zieht sich sofort zusammen. Sie sehen sich zuerst gegenseitig an und dann Erin, aber mir schaut keiner in die Augen. Dann sagen sie die Worte, die ich *nie* vergessen werde.

„Sie haben unübersehbar eine Behinderung, aber wir können Sie nicht klassifizieren."

„Was?!"

Mein Herz stockt. In diesem Moment weiß ich, dass es um viel mehr geht als um meine Klassifizierung. Ich kann meine Tränen nicht zurückhalten. Sie laufen mir übers Gesicht; die Experten senken den Blick und schauen mir immer noch nicht in die Augen. Mit einem kurzen Nicken verlassen sie den Raum. Erin läuft ihnen nach und verlangt eine Erklärung, aber sie verweigern sie ihr. Daraufhin stürmt Julie, eine Klassifizierungsexpertin des amerikanischen Teams, herein und fragt, was los ist. Als Erin ihr erklärt, was gerade geschehen ist, läuft Julie sofort los, um mit den Leuten zu sprechen. Ich bin total benommen. An die nächsten Minuten kann ich mich nur verschwommen erinnern. Erin bringt mich in die Garderobe und ich sinke weinend in ihre Arme.

„Warum passiert das? Was habe ich falsch gemacht? Das ergibt doch überhaupt keinen Sinn."

„Da stimmt was nicht, Victoria. Wir werden der Sache auf den Grund gehen." Wir wissen beide, dass das einfach nicht richtig ist, was hier gerade passiert, aber wir haben es nicht in der Hand. Die Klassifizierungsexperten weigern sich, uns eine Erklärung zu geben. Deshalb beginnen wir, um eine Antwort zu beten. Ich kann mittlerweile mit so ziemlich jeder Krise und mit jedem Problem umgehen, wenn ich den Grund dafür kenne. Aber wenn es keinerlei Erklärung gibt, tue ich mich echt schwer. Wir werden im Dunkeln gelassen. Es gelingt mir, meine Eltern anzurufen, die gerade in London gelandet sind, aber ich bringe kaum ein Wort heraus.

„Sie lassen mich nicht schwimmen."

„Warum?"

„Ich, ich, ich weiß es nicht."

Klick.

Ich lege auf und mein Telefon rutscht mir aus den Händen. Ich habe so viel durchgemacht und sämtliche Hindernisse, die mir in den Weg gelegt wurden, überwunden, und jetzt weigern sich diese zwei Typen, die mir nicht einmal in die Augen schauen, ihre Arbeit richtig zu machen und mich zu klassifizieren. Und sie besitzen noch nicht mal den Anstand, mir zu erklären, warum. Zum Glück steht die amerikanische Delegation voll und ganz hinter mir. Julie ist eine entschlossene Frau, die genau weiß, was sie will. Und sie duldet keine Ungerechtigkeit. Anwälte werden eingeschaltet und eine juristische Auseinandersetzung beginnt. Ich stehe völlig neben mir. Der Rest des amerikanischen Teams ist an diesem Nachmittag angekommen und hat sofort erfahren, was passiert ist. Ich will mit niemandem sprechen, sondern einfach allein sein. Alles, was ich im Moment noch kann ist, weinen, weinen, weinen. Von diesem Moment habe ich geträumt: hier zu sein und vor den Augen der Welt für mein Land zu starten. Aber jetzt sitze ich hier in einer Umkleidekabine, bin am Boden zerstört, verwirrt und völlig aufgelöst. Als mich meine Eltern zurückrufen, kann ich nicht einmal mit ihnen sprechen.

Das ist so demütigend.

Ich habe nichts falsch gemacht.

Ich erinnere mich, dass ich als Kind gefragt wurde, was ich einmal werden will, wenn ich groß bin. Ich dachte damals immer an eine glänzende Goldmedaille, wie sie eines meiner Schwimmidole, Jenny Thompson, bei den Olympischen Spielen gewonnen hatte. Ich erinnere mich an ein Bild, das ich damals gemalt habe. Ich hatte eine glitzernde Medaille um den Hals hängen und lächelte so breit, dass das Lächeln gar nicht ins Gesicht des Strichmännchens passte. Ich denke an die kleine Victoria, für die die Olympischen Spiele ein Kindheitstraum waren und die sich in ihrer Fantasie ausmalte, eines Tages selbst dabei zu sein: dieses Schwimmbecken, das olympische Dorf, das Emblem des amerikanischen Nationalkaders auf dem Schwimmanzug und die Chance, um eine Goldmedaille zu kämpfen. Ich war fest davon überzeugt, dass hier mein Traum wahr werden würde und dass ich für die letzten beiden Jahre, in denen ich mich aus dem „Locked in" zurückgekämpft habe, hier in London belohnt werden würde. Aber mein Traum zerplatzt. Stattdessen durchlebe ich gerade einen schrecklichen Albtraum. Das Schlimmste dabei ist, dass ich nichts getan habe, was meinen Ausschluss vom Wettkampf rechtfertigen würde. Ich habe nur hart gearbeitet und bin schnell geschwommen. Aber das muss man ja, um es so weit zu bringen. Ich habe mich bis zum Umfallen abgerackert, um hierher zu kommen. Und wozu?

Ist es jetzt vorbei?

War mein Traum einfach zu schön, um wahr zu sein?

Das ist nicht fair.

Nichts von alledem ist fair.

Während meine Teamkameraden die Feststimmung im olympischen Dorf genießen und sich auf die Eröffnungszeremonie vorbereiten, versinke ich in Verzweiflung, weil alles so ungewiss ist.

Werde ich schwimmen können?

Oder werden sie mich tatsächlich wieder nach Hause schicken?

Ich will nicht alle enttäuschen.

Als Krönung des Ganzen bekommen auch noch die Medien Wind von dieser „Sensation" und stürzen sich natürlich darauf. Überall, wohin ich gehe, blickt mir aus Boulevardblättern, Zeitungen und von Fernsehbildschirmen mein eigenes Gesicht entgegen. Ich weigere mich allerdings, meinen „Fall" vor der Presse zu kommentieren oder mit irgendjemandem darüber zu sprechen.

Bitte lasst mich in Ruhe.

Das ist meine stumme Bitte an die Medien. Aber ich bitte auch laut. Ich bete zu Gott und vertraue ihm die Sache an. Es liegt alles nicht in meiner, sondern in Gottes Hand.

Gott, bitte.

Ich brauche dich wirklich, wirklich, wirklich.

Während des Trainingslagers in Deutschland haben meine Freundin und Teamkollegin Courtney und ich eine Gebetsgruppe begonnen. Wir fanden heraus, dass in unserer Mannschaft außer uns noch einige andere Christen sind. Ich lernte viel über die Macht des Gebets, aber noch mehr darüber, wie gut es tut, gemeinsam zu beten. In einer der verrücktesten Zeiten meines Lebens dieses Netzwerk aus Christen zu haben, ist ein großer Segen.

Als ich ins olympische Dort zurückkomme, erwartet mich Courtney mit offenen Armen. Bei ihr ist mein Freund und Teamkamerad Brad. Die beiden setzen sich zu mir, umarmen mich und geben mir den Trost und die Zuversicht, die ich jetzt so dringend brauche. Danach versuche ich, den Ball so gut wie möglich flach zu halten. Mein Freundeskreis ist ziemlich klein. Und obwohl wir Sportler wie eine Familie sind, sind einige meiner Teamkollegen keine großen Fans von mir. Ich bin aus dem Nichts aufgetaucht, bin jung und schnell und dadurch eine ernst zu nehmende Konkurrentin, die vorher keiner auf dem Schirm hatte. Ehrlich gesagt will ich den anderen keinen Grund geben, mich nicht zu mögen.

Behalte es für dich.

Atme tief durch.

Dir geht es gut.

Schlucke den Schmerz hinunter.

Schlucke ihn einfach hinunter.

Das kannst du am besten.

„Willst du ins Hotel und bei deiner Familie sein?", fragt Queenie, die Mannschaftsmanagerin, freundlich.

„Danke, Queenie, aber nein, das will ich nicht."

Ich will für das Team da sein und alles tun, damit für sie alles so normal wie möglich weitergeht. Ich verstehe mich gut mit meinen Mitbewohnerinnen im olympischen Dorf, und ich will ihre Vorbereitungen nicht durcheinanderbringen. Auch wenn ich sehr gern bei meiner Familie wäre, weiß ich, dass ich bei meiner Mannschaft bleiben soll. Ich habe immer versucht, ein Teamplayer zu sein, und lasse meine Teamkameraden jetzt nicht im Stich. Aber als meine Mutter ins olympische Dorf kommt, liege ich lange zusammengerollt auf ihrem Schoß und weine. Ich weiß, dass ich trotz meiner Traurigkeit hierbleiben muss.

Ich muss hier sein.

Obwohl meine kleine Welt zum Stillstand gekommen ist, sind die Vorbereitungen auf die Spiele in vollem Gang. Die Freude, die Begeisterung und der Stolz der vielen Athleten aus aller Welt erfüllen die Luft. Jeder Sportler hier hat „es geschafft", sein Traum wurde wahr, und er genießt diese Zeit. Das ist auch richtig so. Das haben sie verdient. Ich will mich auch freuen, aber jedes Mal, wenn ich anfange, mich von diesen Gefühlen anstecken zu lassen, folgen schnell die Tränen.

Ich muss mich innerlich abschirmen.

Deshalb kehre ich zu dem Schutzmechanismus zurück, den ich in den vergangenen Jahren schon so oft eingesetzt habe. Ich lasse keine Gefühle zu und schotte mich ab. Der Schmerz lässt sich leichter ertragen, wenn man gefühlskalt ist. Ist es gut, keine Gefühle zuzulassen? Wahrscheinlich nicht. Interessiert mich das in diesem Moment? Nein, ganz sicher nicht! Ich will nur Gerechtigkeit, Fairness und die Chance, schwimmen zu dürfen.

Ich will einfach nur schwimmen.

Es ist der 29. August 2012. Die Eröffnungszeremonie ist in vollem Gang. Während ich mit meinem Team einmarschiere, laufen mir Tränen übers Gesicht, aber ich bemühe mich, so gut ich kann, ein Lächeln aufzusetzen.

Sei stolz.

Setze dein Wettkampfgesicht auf.

Tom, einer unserer Trainer, schiebt beim Einmarsch meinen Rollstuhl durchs Stadion. Tom gehört zu meinem engen Freundeskreis. Er glaubt an mich und er betet mit mir und für mich.

Tom, Courtney und Brad ermutigen mich, fest auf Gott zu vertrauen und stark zu bleiben.

Denk daran: Dinge, die schrecklich anfangen, können oft ein wunderbares Ende haben.

Nach einer gefühlten Ewigkeit, mehreren schlaflosen Nächten und viel mühsamer Arbeit vonseiten der amerikanischen Delegation kommt mein Fall vor ein Berufungsgericht. Das amerikanische Team legt einen riesigen Stapel an Arztberichten und Dokumenten vor, die belegen, dass ich alle Voraussetzungen erfülle, um bei den Spielen antreten zu dürfen. Zusätzlich zu diesen überwältigenden Beweisen und der Tatsache, dass sich die Klassifizierungsexperten nicht an die Regeln gehalten haben, als sie sich weigerten, mich zu klassifizieren, äußert sich sogar der britische Premierminister, David Cameron, öffentlich zu meinem Fall: „Hier geht es um Sport und nicht um Politik." Nach diesen ganzen Bemühungen entscheidet nun ein unabhängiges Schiedsgericht zu meinen Gunsten und mir wird eine Neubewertung meiner Klassifikation zugestanden.

Danke, Gott!

Jetzt kann ich mich endlich wieder auf etwas anderes konzentrieren, mich klassifizieren lassen und mich auf die Wettkämpfe vorbereiten. Es gibt nur ein kleines Problem: Die beiden Klassifizierungsexperten sind zunächst mal nicht aufzufinden. Nach zwei weiteren Tagen wird mein Klassifizierungstermin für den Tag vor meinem ersten Wettkampf vereinbart: 400-Meter-Freistil.

Julie begleitet mich zu diesem Termin, und wir merken von Anfang an, dass es schon wieder seltsam läuft. Mir schießen alle möglichen Gedanken durch den Kopf.

Das darf doch nicht so lange dauern.

Ich habe diese Tests doch schon alle gemacht.

Jetzt dauert es schon über zwei Stunden.

Das ist nicht fair.

Wie schon erwähnt, dauern Klassifizierungstermine normalerweise höchstens eine Stunde. Aber jetzt sind schon wieder fast vier Stunden vergangen. Julie ist unglücklich und ich bin erschöpft. Die Experten gehen noch einmal meine Arztberichte durch und berechnen die Werte aus den Tests, die ich längst absolviert habe, neu. Ich werde aufgefordert, zusätzliche Tests zu machen, die bei früheren Klassifizierungen nie nötig gewesen sind, und ich werde unermüdlich nach meiner Verfassung gefragt.

Sie mustern mich aufmerksam und sprechen mit mir in einem Ton, der verrät, dass sie mir nicht trauen. Sie meinen offensichtlich, ich würde ihnen etwas verheimlichen. Aber das tue ich nicht. Meine Arztberichte dokumentieren meine körperlichen Beeinträchtigungen. Wenn überhaupt, dann bin ich eher stärker beeinträchtigt, als diesen Leuten bewusst ist. Ich mache noch einmal einen Labortest, einen Test im Wasser, noch einen weiteren Labortest und einen Koordinationstest. Ein Experte sagt: „Ich verstehe nicht, warum wir das überhaupt machen. Sie hat doch eindeutig Beeinträchtigungen.“

Bitte lasst mich einfach schwimmen.

Bitte.

Nach einer gefühlten Ewigkeit mit ermüdenden, unnötigen Fragen ziehen sie endlich ihr Fazit: „Sie gehören in die Kategorie S6.“

Keiner entschuldigt sich für die unverhältnismäßig langen und ermüdenden Tests. Ehrlich gesagt, ist mir das zu diesem Zeitpunkt aber egal. Ich will einfach nur am Wettkampf teilnehmen.

10

Platsch!

September 2012 bis Juni 2013
„Auf die Plätze!"

STARTSIGNAL!

Es ist der 1. September 2012. Über 20.000 Zuschauer sind an diesem Tag in London im Schwimmstadion, viele Millionen Zuschauer sitzen auf der ganzen Welt vor dem Fernseher. Es ist mein erster offizieller Wettkampftag, und ich schwimme 400-Meter-Freistil. Als aktuelle Weltrekordhalterin und nach dem ganzen Klassifizierungsdrama sind viele Kameras auf mich gerichtet, als ich zum Startblock rolle. Im Schwimmstadion herrscht ein ohrenbetäubender Lärm, und ich bekomme fast einen Herzinfarkt, als ich ins Becken tauche. Jeder will den „Wettstreit der Teenager" zwischen Ellie und mir sehen. Ich habe Angst. Als ich das Wasser berühre, fühle ich, wie ich am ganzen Körper unkontrolliert zittere.

Du schaffst das, Victoria.

Ein Zug.

Zwei Züge.

Drei Züge.

Atmen.

Um meine Nerven zu beruhigen, zähle ich meine Züge und blende den Lärm des Publikums aus. Ich bin in Führung, aber ich spüre, dass meine Konkurrentin Ellie den Abstand zu mir verkleinert. Ich merke schnell, dass ich aufgrund meines massiven Adrenalinausstoßes viel zu schnell gestartet bin. Meine Arme sind auf den letzten fünfzig Metern ausgepowert, ich hole alles aus mir heraus. Ellie ist kleinwüchsig. Das heißt, dass sie sowohl ihre Arme als auch ihre Beine benutzen kann, während ich nur meine Arme einsetzen kann. Ich habe nie verstanden, warum es fair ist, uns gegeneinander antreten zu lassen. Aber anscheinend steckt dahinter der Gedanke, dass ihre Kleinwüchsigkeit irgendwie damit zu vergleichen ist, dass ich meine untere Körperhälfte nicht benutzen kann.

Ich höre, wie das Publikum immer lauter wird. Ellie beschleunigt ihre Beinarbeit und greift an. Ich halte den Kopf tief und schwimme weiter, aber tief in meinem Inneren weiß ich, dass es ein großer Nachteil ist, dass mich meine Beine auf diesen letzten fünfzig Metern nicht vorantreiben können.

Obwohl Ellie bei diesem Wettkampf die Goldmedaille gewinnt, kann ich mit meiner Silbermedaille gut leben. Ich muss unwillkürlich daran denken, dass ich noch vor zwei Jahren kaum meinen Kopf über Wasser halten konnte und dass meine Brüder mich festhalten mussten, damit ich nicht untergehe. Noch vor kurzer Zeit konnte ich mich kaum bewegen und jetzt habe ich eine glänzende Silbermedaille gewonnen. Ehrlich gesagt bin ich einfach nur froh, dass ich mir nicht vor Angst und Anspannung in den Badeanzug gemacht habe.

Wow.

Das Publikum. Dieses Schwimmbecken. Ich bin da.

Ich habe es geschafft.

Trotz allem, was ich durchgemacht habe, fühle ich, wie ich strahle. Es gibt nichts Besseres, als eine Medaille zu gewinnen. Ich merke, wie ich anfange, mich zu entspannen und die Spiele tatsächlich zu genießen. Mir ist bewusst, dass die Teilnahme an den Paralympics für mich mehr ist als ein Schwimmwettkampf. Er ist ein weiterer Berg, den ich bezwingen will. Ich muss die Angst, die Nervosität und den psychischen Stress überwinden, die sich durch das Drama mit dem Internationalen Paralympischen Komitee und die Klassifizierungsprobleme in mir breitgemacht haben.

Endlich kann ich einfach nur schwimmen.

Die nächsten Tage verbringe ich mit Training, Wettkämpfen und damit, meine Mannschaftskollegen anzufeuern. Ich gewinne noch zwei weitere Silbermedaillen in 50-Meter-Freistil und in der 4-mal-100-Meter-Staffel. Dass ich für die Staffel ausgewählt wurde, habe ich erst am Tag des Wettkampfs erfahren. Ich wurde wegen meiner schnellen Zeiten in meinen vorherigen Läufen erst in letzter Minute nominiert. Ich bin nicht mehr in einer Staffel geschwommen, seit ich elf war, und auf dem Startblock zu *sitzen* ist etwas ganz anderes, als mit den Beinen auf dem Startblock zu stehen und ins Wasser zu springen. Trotzdem gehe ich als zweite Schwimmerin unserer Staffel ins Wasser und bin die *einzige*, die ihre Beine nicht gebrauchen kann. Wir haben nie zuvor zusammen einen Wettkampf bestritten und treten gegen sehr schnelle Schwimmerinnen aus anderen Ländern an. Aber trotz dieser Nachteile gewinnen wir Silber und schlagen Großbritannien, was im Austragungsland der Spiele für sehr viel Wirbel sorgt.

Alles scheint gut zu laufen. Bis zu meinem vorletzten Lauf: 100-Meter-Brust.

Etwas stimmt nicht.

Da ich als Kind hauptsächlich Brustschwimmerin war, haben mich meine Trainer immer ermutigt, diesen Schwimmstil nicht aufzugeben. Es ist unbeschreiblich schwer, beim Brustschwimmen ohne Beinarbeit voranzukommen. Aber ich habe hart an mir gearbeitet. Und diese Mühe hat sich ausgezahlt. Als ich in London bin, bin ich auf 100-Meter-Brust in meiner Klassifikationsgruppe die Zweitbeste der Welt. Damit bin ich in dieser Disziplin sogar Medaillenanwärterin.

Der Druck ist da.

Die Schwimmerin, die den ersten Platz einnimmt, ist fast doppelt so alt wie ich und sie ist ein richtiges „Tier". Sie hält den Rekord bei knapp einer Minute, und niemand kommt auch nur annähernd an sie heran. Ich habe mich bei Wettkämpfen im Brustschwimmen nie besonders stark gefühlt, und abgesehen vom Wunsch meiner Trainer ist der einzige Grund, warum ich überhaupt in dieser Disziplin antrete, dass ich im Brustschwimmen zum ersten Mal einen amerikanischen Rekord gebrochen habe. Das war für mich ein ganz besonderer Tag. Aber heute fühle ich mich überhaupt nicht gut. Ich kämpfe mit starken Muskelkrämpfen und habe das Gefühl, dass sie durch das Brustschwimmen noch viel schlimmer werden. Die meisten Sportler wissen, ob sie gut drauf sind oder nicht. Das ist ein Instinkt, ein Gefühl. Man weiß einfach, ob man es schaffen kann oder nicht.

Ich bin nicht gut drauf.

Sobald ich ins Wasser tauche, verstärkt sich dieses Gefühl. Mein Körper ist verkrampft, und ich habe viel mehr Mühe als sonst, vorwärtszukommen. Für die Zuschauer sieht vielleicht alles normal aus, aber die Menschen, die mich kennen, wissen, dass es mir nicht gut geht. Trotz der starken Muskelkrämpfe schaffe ich es, den Lauf zu Ende zu schwimmen und nicht unterzugehen. Als mich mein Trainer aus dem Wasser zieht, sieht er, dass meine Arme steif wie ein Brett sind und dass meine Hände zu Fäusten geballt sind. Vermutlich sprechen meine Augen sogar noch lauter als mein Körper.

Ich kann meine Tränen nicht zurückhalten. Sie laufen mir übers Gesicht.

Bei den Spielen werden die Schwimmer für jeden Lauf einem anderen Trainer zugeteilt. Es ist bestimmt kein Zufall, dass mich heute Trainer Tom Franke coacht. Tom hat mich schon so viel über Gott und Glauben und Vertrauen gelehrt. Er war mir während des Klassifizierungsfiaskos eine unbeschreibliche Hilfe. Nachdem mich Trainer Tom aus dem Wasser gezogen und in meinen Rollstuhl gesetzt hat, wickelt er ein Handtuch um mich und bringt mich von den lärmenden Reportern und Kameras weg. Er betätigt sich als menschlicher Schutzschild, damit die Presseleute nicht sehen können, wie fertig ich bin: Ich habe Krämpfe und weine. Die Medien haben bereits genug über mich berichtet und zu oft ihre Meinung und Kommentare über mich zum Besten gegeben. Trainer Tom sucht einen stillen Raum und kniet vor mir nieder. Ich kann vor Schluchzen kaum sprechen. Ich habe es nicht ins Finale geschafft. Ich werde keine Medaille gewinnen und bin am Boden zerstört. Für jeden Sportler sind Niederlagen unausweichlich und schmerzhaft. Aber wenn man vor den Augen der ganzen Welt eine Niederlage einstecken muss, ist das noch viel schmerzhafter. Dass ich es nicht ins Finale schaffe, obwohl ich eine Medaillenanwärterin war, ist eine bittere Pille.

„Ich, ich, ich habe alle enttäuscht. Es tut mir so leid."

Er sieht mich an und schüttelt den Kopf. „Du hast niemanden enttäuscht, Victoria. Das war nicht deine Schuld. Es war eine lange Woche, und heute war einfach nicht dein Tag. Aber weißt du was?"

„Was?"

„Du hast jetzt zwei ganze Tage Zeit, um dich auszuruhen und um dich auf deinen nächsten Lauf vorzubereiten. Der nächste Lauf ist *dein* Lauf: 100-Meter-Freistil." Trainer Tom Franke hat recht. Tief in meinem Inneren weiß ich, dass es für diese Niederlage einen Grund gibt. Ich weiß, dass ich keine Chance habe, im Brustschwimmen eine Goldmedaille zu gewinnen, aber auf 100-Meter-Freistil habe ich durchaus eine Chance. Es ist definitiv ein Vorteil, zwei ganze Tage zur Erholung und Vorbereitung zu haben. Die letzte Woche war so anstrengend und chaotisch, dass ich eigentlich nicht viel Zeit hatte, um mich ordentlich auf meine Läufe vorzubereiten. Diese Niederlage beim Brustschwimmen ist also in vielerlei Hinsicht ein Geschenk Gottes. Sie ist kein Rückschlag, sondern die Grundlage für einen großen Erfolg. Das habe ich von Joel Osteen gelernt, einem christlichen Autor, den ich sehr schätze. Endlich bekomme ich etwas Frieden und Ruhe und Zeit. Ich nutze sie, um mir bewusst zu machen, wie viel Segen ich erfahren habe, und um mir wieder vor Augen zu führen, warum ich gern schwimme. Mein Fokus wird wieder zurechtgerückt: Ich schwimme nicht für die Sponsoren. Ich schwimme für Gott, meine Familie und besonders für meine Oma, die trotz einer schweren Operation hier in London ist, um mich schwimmen zu sehen. Sie hat immer an mich geglaubt und hat mich immer ermutigt, auch in der Zeit, in der ich schwer krank war. Aus diesen Gründen bin ich hier, und deshalb möchte ich meine beste Leistung abliefern.

Heute ist MEIN Tag.

An Wettkampftagen ist man immer nervös und aufgeregt. Da gehe ich meinen Lauf in Gedanken immer und immer wieder durch und warte normalerweise angespannt darauf, dass ich an die Reihe komme. Nervös packe ich meine Schwimmtasche, räume sie wieder aus und noch einmal ein und tigere in meinem Rollstuhl herum. Aber heute ist es anders. Als ich aufwache, denke ich überhaupt nicht an meinen Lauf. Ich denke, wie schön es draußen ist und wie aufgeregt ich bin, dass ich im olympischen Dorf sein

kann. Ich halte meine Bademütze mit dem Aufdruck „Team USA"
in der Hand und erinnere mich, wie ich als kleines Mädchen davon geträumt habe, genau so eine Bademütze zu haben. Das habe
ich geschafft. Zum ersten Mal seit fast zwei Wochen realisiere ich
das alles. Ich lasse den Kummer, das Drama und das Chaos, das
mein Leben, das Schwimmen und die Spiele überschattet hat, hinter mir. Zum ersten Mal fühle ich mich so, wie sich vermutlich alle
anderen Sportler fühlen.

Aufgeregt.

Erstaunt.

Endlich kann ich sagen: *Ich habe es geschafft.*

Ich weiß, dass dieser Tag anders ist als alle anderen, weil ich so
entspannt und ruhig und voll Vorfreude bin. Die Leichtigkeit und
Freude, die ich vermisst habe, seit ich in London angekommen
bin, sind zurück. Ich bin bereit, so bereit wie noch nie.

Heute ist MEIN Tag.

Ich spüre ein starkes Selbstvertrauen, das ich nur Gott zuschrei-
ben kann. Tief in meinem Inneren weiß ich, dass dieser Lauf anders werden wird. An meinen zwei freien Tagen konnte ich mit
unserem Sportpsychologen sprechen. Dieses Gespräch hat für
mich vieles verändert, und ich habe mir auch Zeit genommen, um
still zu werden und zu beten. Diese Zeit habe ich ganz dringend
gebraucht. Selbst in meinen schwersten Kämpfen habe ich Frieden bei Gott gefunden. Zu vertrauen, zu glauben und Gott alles zu
übergeben, hat mir geholfen zu überleben und so weit zu kommen.

Obwohl ich an meiner gewohnten Routine vor Wettkämpfen
starr festhalte, gehe ich mit einem ganz neuen Blick an diesen Lauf
heran. Abgesehen von meinem Energieriegel, der blauen Dose
„Gatorade", meiner Schwimmbrille, meinem Schwimmanzug und
dem Durchspielen des Laufs im Kopf, habe ich noch etwas Neues

in meine Routine aufgenommen. Ich teile den Lauf in vier Bereiche auf, die ich nacheinander abhaken kann: *Startsprung, erste Bahn, Wende, Schlussspurt.* Das ist alles, worauf ich mich konzentrieren muss.

„Auf die Plätze."

STARTSIGNAL!

Ich bin im Wasser. Erster Punkt abgehakt.

Startsprung ... geschafft.

Sobald ich an der Oberfläche auftauche, fange ich an, meine Arme so schnell und effizient wie möglich zu bewegen und bei jedem Zug so viel Wasser wie möglich zu verdrängen.

Erste Bahn ... geschafft.

Ehe ich mich versehe, bin ich bei der Wende angekommen. Bei 100-Meter-Freistil ist die Wende der kritische Teil, der darüber entscheidet, ob man die Führung behält, sie bekommt oder wieder verliert. Ellie und die anderen Schwimmerinnen sind hinter mir. Eine Schwimmerin aus Deutschland ist fast Kopf an Kopf mit mir. Diese Wende muss perfekt sein.

Wende ... geschafft.

Das ist es, das ist *mein* Moment. Die vielen Tränen und der ganze Kummer treiben mich an und entfachen ein Feuer in mir, das viele Jahre erloschen war.

Komm schon, Victoria.

Im Gegensatz zu meinen anderen Läufen in London, bei denen ich das Publikum hören konnte und mir der anderen Schwimmerinnen neben mir genau bewusst war, ist es dieses Mal, als wäre ich an einem anderen Ort. Ein Teil meiner Wettkampfroutine ist das Lied „Good Life" von OneRepublic, das ich im Kopf singe. Wahrscheinlich ist es heute ein entscheidender Faktor, der mir hilft, die Konzentration nicht zu verlieren. OneRepublic ist meine

Lieblingsband, und dieses Lied ging mir bei meinem ersten Wettkampf, bei dem ich einen Weltrekord gebrochen habe, durch den Kopf. (Ich brauche wohl nicht extra zu sagen, dass der Song seitdem mein ständiger Begleiter ist.) „Good Life" läuft auch jetzt in meinem Kopf ab und erlaubt mir, die Wahnsinnskulisse und den Lärm der Zuschauer auszublenden.

Als ich mich der 25-Meter-Marke nähere, höre ich im Kopf den Liedtext:

„This could really be a good life,
A good, good life."
(*„Das könnte wirklich ein gutes Leben sein,*
ein gutes, gutes Leben.")

Ich bin vor Begeisterung richtig überwältigt und habe Mühe, nicht zu lächeln, während ich durchs Wasser gleite. Ich denke an das erste Mal, als ich vor zwei Jahren ins Wasser ging, und wie viel Angst ich hatte und wie mein Bruder William mich festgehalten und mir gut zugeredet hat, dass ich keine Angst zu haben brauche.

Hab keine Angst.
Schwimm weiter.
Schwimm einfach weiter.
Du hast nichts zu verlieren, aber viel zu gewinnen.

In diesem Moment weiß ich – egal, wie dieser Lauf ausgehen wird –, dass ich es geschafft habe. Ich habe es durchgezogen. Ich habe nicht nur überlebt, sondern das Äußerste aus mir herausgeholt. Unsere Familie hat eine der schwersten und schmerzhaftesten Erfahrungen durchgemacht, die man sich vorstellen kann, und jetzt sind wir alle hier angekommen.

Danke, Gott.

Ich bin so voll Dankbarkeit und so in mein Lied vertieft, dass ich nicht einmal merke, dass ich einen großen Vorsprung herausgeschwommen habe und ungefähr eine Körperlänge vor allen anderen Schwimmerinnen liege.

Kopf nach unten und atmen, Victoria.

Du kannst das.

„Wir schauen auf die Uhr. Das ist ein neuer Weltrekord! Victoria Arlen gewinnt GOLD!"

In 1 Minute und 13 Sekunden schlage ich in neuer Weltrekordzeit als Erste an. Für einen kurzen Moment fühlt es sich an, als stünde alles still – das Publikum, das Wasser und ich scheinen wie erstarrt zu sein. Doch ich kehre schnell in die Realität zurück und begreife, was hier soeben passiert ist.

Ich habe es geschafft.

Ich habe es wirklich geschafft.

Ich habe gewonnen.

Bei den Läufen in der letzten Woche habe ich mich daran gewöhnt, als Zweite ins Ziel zu kommen. Als ich auf dem Anzeigebildschirm meinen Namen mit einer „1" und einem „WR" (Weltrekord) sehe, bin ich überrascht und überwältigt. Ich suche im Publikum meine Familie; sie sind weit oben auf der Tribüne. Ich weiß, dass sie genauso fassungslos und begeistert sind wie ich. Dieser Moment ist für sie; dieser ganze Lauf ist für sie. Die vielen Tränen, die wir geweint haben, und der ganze Schmerz, den wir ertragen haben, zahlen sich in diesem Moment aus. Keine Worte können auch nur annähernd beschreiben, wie ich mich in diesem Moment und in den kommenden Augenblicken fühle.

Ich kehre erst wieder in die Realität zurück, als ich meine Medaille bekomme, sehe, wie die amerikanische Flagge hochgezogen wird, und höre, wie die Nationalhymne gespielt wird. Zum ersten Mal auf meinem langen Weg bin ganz vorne. Ich habe so viel Zeit und Energie darauf verwendet, all das Versäumte „aufzuholen".

Jetzt habe ich die anderen überholt. Dieser Moment verändert für mich alles.

Ich bekomme sogar ein Lob von Trainer John, der zu Hause in den Staaten zusieht. „Gut gemacht, Mädchen. Das war ein perfekter Lauf." Das ist das Sahnehäubchen. Bevor ich Kontakt zu meiner Familie aufnehme, gehe ich an meinen Platz in der Umkleidekabine. An den Platz, an dem ich vor Traurigkeit geschluchzt habe, an den Platz, an dem ich so leidenschaftlich gebetet habe. Ich nehme mir einen Moment Zeit, halte meine Medaille fest und schließe die Augen.

Danke, Gott.

Diese Medaille ist für dich.

Du bist der wahre Gewinner der Goldmedaille.

Viele glauben, die Goldmedaille wäre das Beste an den Spielen. Verstehen Sie mich nicht falsch; sie ist unglaublich. Aber noch besser ist der Moment, wenn man die Menschen, die man am meisten liebt, danach im Publikum sieht. Der Ruhm macht glücklich, die Nationalhymne ist Gänsehaut pur, das Publikum ist berauschend. Aber als ich meinen Daddy, meine Mama, meine Brüder, Tanten, Großeltern und Freunde in all diesem Trubel wahrnehme, ist das auf einer ganz anderen Ebene ein unbeschreibliches Gefühl. Die Menschen, die ich am meisten liebe, die so viel geopfert haben, damit ich meinen Traum verwirklichen kann, die an mich geglaubt haben … Das ist *ihr* Ruhm. Wir haben gemeinsam die Hölle durchgemacht, aber jetzt erleben wir großes Glück. Freudentränen statt Schmerzen, Umarmungen und Gratulationen statt Angst und Panik. Jetzt kann das Leben beginnen.

Du bist zurück, Victoria.

Zeit, das Leben zu genießen.

*

Die nächsten Monate – von Oktober bis Mai – sind voll mit Auftritten und Medienverpflichtungen. Ich lerne Auto fahren mit Handsteuerung und es geht zurück an die Schule. Ich bin im letzten Schuljahr vor meinem Abschluss. Auf einmal wollen die Schüler, die mich zuvor ausgelacht und gehänselt haben, meine Freunde sein. Offenbar macht eine Goldmedaille einen Menschen viel cooler.

Zum ersten Mal, seit ich elf war, werde ich in der Schule normal behandelt. Obwohl es traurig ist, dass ich erst eine Goldmedaille gewinnen musste, um akzeptiert zu werden, bin ich unbeschreiblich dankbar, dass mein letztes Schuljahr trotz des plötzlichen Ruhms und Wahnsinns halbwegs normal ist. Andererseits ist das, was für mich normal ist, für die meisten alles andere als normal.

Abschlussklasse 2013:

Cameron Arlen.

Victoria Arlen.

William Arlen.

Die Goldmedaille war gigantisch, aber gleichzeitig mit meinen beiden Drillingsbrüdern meinen Schulabschluss zu machen, ist genauso erstaunlich. Ich habe die 6. bis einschließlich 9. Klasse verpasst. Es war schon überwältigend genug, überhaupt wieder zur Schule gehen zu können. Es mussten so viele Hürden überwunden und Berge bezwungen werden. Aber dank meiner Familie, Freunde, einigen Lehrern, einer fantastischen Integrationshelferin und einer wunderbaren Schulberaterin konnte ich tatsächlich den verpassten Stoff aufholen.

Viele Lehrer, die an mir gezweifelt haben (und davon gab es viele!), haben einfach nicht verstanden, warum ich es so wahnsinnig eilig hatte, den Stoff von fünf Jahren in drei Jahren zu bewältigen. Ab dem Moment, in dem ich merkte, dass sich mein Körper immer mehr abschaltete, hatte ich das Gefühl, abgehängt zu werden. Meine Familie war für mich da und hat mich nie fallen gelassen, aber für sie ging das Leben weiter. Als ich zurückkam, wollte ich nicht irgendwie mit durchgezogen werden, sondern alles nachholen, was ich verpasst hatte. Ich wollte nicht am Seitenrand sitzen, sondern zurück ins Spiel.

Aber es gibt immer noch sehr viel, was ich nicht verstehe. Und irgendwann werde ich einen Gang zurückschalten und mir Zeit nehmen müssen, um es begreifen zu können.

11

Das hätte verhindert werden können

Juni 2013

Warum?

Eine Frage quält mich seit dem Tag, an dem ich zum ersten Mal diesen stechenden Schmerz in meiner rechten Seite fühlte.

WARUM?

Kein Arzt oder Spezialist hat mir auf diese Frage je eine klare Antwort gegeben. Die Ärzte wissen, dass meine Lähmung von der Transversen Myelitis (TM) kam, aber bis heute kann mir keiner erklären, warum ich das „Locked in"-Syndrom bekam. Meine Krankheit wurde als „Enzephalitis mit unbekanntem Auslöser" abgehakt. Seit ich aus dem „Locked in" aufgewacht bin, lebe ich jeden Tag mit der Angst vor einem Rückfall und der Frage: „Warum ist das passiert?" Obwohl ich bis auf die Lähmung von meiner Hüfte abwärts fast vollständig wiederhergestellt bin, kann ich die Angst vor der unbekannten Bedrohung nicht von mir abschütteln.

Warum ist mir das passiert?

Was genau ist mit mir passiert?

Wird es wieder vorkommen?

Auf der Suche nach Antworten lasse ich mir einen Termin bei einem der besten Spezialisten der Welt für TM an der Johns Hopkins Universitätsklinik in Baltimore, Maryland, geben. Ich bin gewiss kein Fan von Ärzten. Deshalb ist es für mich ein großer Schritt, diesen Termin bei einem Spezialisten wahrzunehmen. Meine Mutter und meine Oma begleiten mich, aber ich beschließe, dass ich allein ins Untersuchungszimmer gehen muss. Der Arzt ist sehr nett. Ich mag ihn auf Anhieb und vertraue ihm sofort. Er hört sich meine Geschichte aufmerksam an und holt die alten CT-Aufnahmen von meinem Gehirn heraus. Ich stelle mich darauf ein, die gleichen Sprüche wie von allen anderen Spezialisten zu hören.

Nie im Leben hätte ich damit gerechnet, was nun kommt. Er sagt: „Sie hatten ADEM. Diese Abkürzung steht für akute disseminierte Enzephalomyelitis. Es war ein Fall wie aus dem Lehrbuch." Dann erklärt er mir, dass ADEM mit TM verwandt ist, und dass die Kombination dieser beiden Krankheiten die Ursache dafür war, dass ich fast gestorben wäre. Auf den Bildern ist die Schädigung meines Gehirns und Rückenmarks deutlich zu sehen. Ich bin erleichtert, dass ich endlich eine Antwort habe und weiß, was genau mit mir los war. Jede dieser Krankheiten ist selten, und die Kombination der beiden Krankheiten ist noch viel seltener.

2006, als die Symptome auftraten, wusste man noch nicht viel über TM und ADEM – außer in Spezialkliniken wie der Johns Hopkins. Erst ab 2010 wurden diese zwei Krankheitsbilder bei Ärzten und Kliniken geläufiger. Aber wie bei allen neurologischen Störungen besteht der Schlüssel darin, proaktiv zu sein. Keiner der Ärzte, bei denen ich damals war, war proaktiv.

ADEM ist eine Autoimmunerkrankung. Das heißt, das Immunsystem des Körpers hält seine eigenen gesunden Zellen und das gesunde körpereigene Gewebe fälschlicherweise für Fremdkörper und bekämpft sie. Die amerikanische Multiple-Sklerose-Gesellschaft schreibt:

ADEM ist eine kurze, aber intensive Entzündung (Schwellung)
im Gehirn und im Rückenmark und gelegentlich auch in den
Sehnerven. Diese Entzündung schädigt das Myelin (die weiße
Ummantelung der Nervenfasern) des Gehirns. Andere Namen
für ADEM sind „postinfektiöse Enzephalomyelitis" und „immun-
vermittelte Enzephalomyelitis".[2]

Transverse Myelitis hat ähnliche Symptome und verursacht eine
Entzündung des Rückenmarks.

Ein bedrohlicher Sturm.

In den meisten Fällen, wenn nicht sogar immer, tritt entweder
ADEM *oder* TM auf. Ein Patient kann die eine oder die andere
Krankheit bekommen, aber normalerweise nicht beide. Ich erkrankte an beiden Krankheiten abrupt und plötzlich – im Abstand
von nur einem Monat. Es war wie ein Wirbelsturm, der einen ver-
heerenden Schaden anrichtet, Gebäude vernichtet, Bäume entwur-
zelt und alles auf seinem Weg mitreißt und zerstört. ADEM und
TM haben in meinem Leben große Verwüstungen hinterlassen
und starke Schmerzen und immense Verluste mit sich gebracht.
Sie haben mir meine „Unschuld" und viele Jahre meines Lebens
geraubt. Ich bin immer noch damit beschäftigt, die Trümmer nach
diesem Tornado aufzuräumen.

Diese Erkenntnis löst bei mir gemischte Gefühle aus. Einerseits
bin ich froh und erleichtert, dass das Inferno nun einen Namen
hat, andererseits bin ich traurig, verwirrt und wütend. Ich habe
noch Mühe, die Informationen dieses Arztes zu verarbeiten, als
sein nächster Satz mich wie ein Schlag trifft:

---

2 https://www.nationalmssociety.org/What-is-MS/Related-Conditions/Acute-
   Disseminated-Encephalomyelitis-(ADEM).

„Das hätte alles verhindert werden können."

Er erklärt mir, dass eine einfache Verabreichung von Steroiden hätte verhindern können, dass dieser Entzündungsprozess meinen Körper zerstört und mich fast das Leben gekostet hätte. Wenn man mir ganz zu Anfang die richtigen Medikamente verabreicht hätte, hätte ich mich schnell wieder erholen können. Mein Herz stockt und ich weiß nicht, ob ich weinen, schreien oder auf etwas einschlagen soll. In meinem Kopf dreht sich alles, als ich anfange, diese neuen Informationen zu verarbeiten. Ich kenne dieses Gefühl von Panik und Traurigkeit und erinnere mich an dieselben Gefühle aus der Zeit meines „Locked in". Ich sitze wie erstarrt in einer Achterbahn, die nicht aufhört, mich wie wild herumzuwirbeln.

Alles dreht sich.

Immer und immer weiter.

Atme, Victoria.

Atme einfach.

Als ich mich ein wenig beruhige, erfahre ich, dass ich vielleicht nicht krank geworden wäre und nicht alles, was ich verloren habe, verloren hätte, wenn meine früheren Ärzte richtig reagiert hätten, statt meine Krankheit einfach als psychosomatisch abzutun. Der Ausbruch meiner beiden Krankheiten verlief relativ langsam, wodurch ich eine perfekte Kandidatin für eine Behandlung mit Steroiden und einen relativ positiven Ausgang mit wenigen oder gar keinen bleibenden Schäden gewesen wäre. In den meisten Fällen treten ADEM und TM plötzlich auf und der Erkrankte verliert innerhalb weniger Stunden alle Körperfunktionen. In solchen Fällen ist eine Behandlung vielleicht nicht erfolgreich. Aber bei mir ging es anfangs ziemlich langsam bergab, und ich hätte höchstwahrscheinlich recht gut auf die Therapie reagiert. Aber ich habe nicht die richtige Diagnose bekommen; stattdessen haben mich die verschiedensten Ärzte verhöhnt, gedemütigt und mir gesagt, ich wäre verrückt. Und das jahrelang.

Ich war nicht verrückt.

Die Ärzte haben behauptet, ich wäre nicht zurechnungsfähig, obwohl mir ein simples Medikament hätten helfen können. Die ganzen panischen Fahrten in die Notaufnahme und die ganzen herablassenden Bemerkungen waren völlig unnötig. Der Aufenthalt in der Psychiatrie war komplett überflüssig. Diese ganzen Jahre, die ich verloren habe – vermeidbar.

Ich bin nicht verrückt.

Jahrelang war ich verwirrt und konnte nicht begreifen, warum mich Krankenpfleger und Ärzte als verrückt bezeichneten. Obwohl ich tief in meinem Herzen wusste, dass das nicht stimmt, habe ich das so oft gehört, dass ich mich insgeheim fragte, ob sie nicht vielleicht doch recht haben könnten.

Ich bin nicht verrückt.

Ich bin nicht verrückt.

Ich bin nicht verrückt.

Immer wieder murmele ich diese Worte und will sie glauben. Ich bekomme mühsam wieder Luft und bin gleichzeitig wütend und erleichtert. Als ich die Wahrheit allmählich begreife, fange ich an zu weinen.

Glaube es, Victoria.

Du bist nicht verrückt.

Du warst nie verrückt.

An den Rest dieses Arztgesprächs erinnere ich mich nur verschwommen. „Ich bin nicht verrückt." Diese vier Worte gehen mir unablässig durch den Kopf und übertönen das, was danach gesagt wird. Nachdem mir diese Nachricht eröffnet wurde, wird meine Mutter zum Gespräch dazugeholt. Sie berichtet mir später, dass uns der Arzt Informationen über mögliche Rehabilitationsmöglichkeiten für meine Beine gegeben hat. Aber er hat auch gesagt, dass die Chancen, dass ich je wieder laufen kann, sehr gering seien, und dass wir für eine Behandlung „nicht unser Haus verpfänden" sollten. Es ging ihm mehr darum, etwas gegen die diversen Folgeerscheinungen meiner Lähmung zu unternehmen. Die Rückfahrt mit meiner Mutter und Oma verläuft schweigend. Ich blättere unruhig in den Informationen, die mir der Arzt gegeben hat. Darin werden ADEM und TM detailliert beschrieben. Ich sehe die Diagnosen und werde von meinen Gefühlen überrollt. Endlich habe ich Antworten. Endlich kann ich nach vorne blicken. Ich kann trauern und den turbulenten Weg verarbeiten, der die letzten sieben Jahre mein Leben beherrscht hat.

Die Sache abschließen.

Es ist sonderbar, endlich zu wissen, was mit mir passiert ist, aber es ist auch unbeschreiblich aufwühlend. Jetzt weiß ich, dass mir das, was ich durchgemacht habe, hätte erspart werden können. Das alles hätte verhindert werden können. Das ist einerseits eine Erleichterung, aber andererseits macht es mir dieses Wissen noch schwerer, Frieden zu finden. Das alles hätte überhaupt nicht passieren müssen.

Atme, Victoria.

Es ist okay.

Du bist okay.

Du kannst die Vergangenheit nicht ändern.

Es gibt viele Situationen im Leben, in denen wir nicht verstehen, warum schlimme Dinge passieren – ob durch die Schuld von anderen oder durch Naturgewalten oder durch etwas anderes. Es gibt keine schnelle Lösung, wie man solche Geschehnisse verarbeiten kann. Jeder Mensch geht anders damit um, und das ist auch okay so.

Meine Reaktion auf schmerzhafte Dinge ist es, meine Gefühle in mich hineinzufressen und nichts herauszulassen. Aber wenn die Umstände und Gefühle so sehr in mir brodeln, dass ich den Druck nicht mehr aushalte, breche ich schließlich zusammen.

Aber es wird jedoch noch eine Weile dauern, bis ich endgültig an diesen Punkt komme.

12

Falsche Heiterkeit und echte Debakel

August 2013 bis September 2013

Nach meinen Erfolgen in London nehme ich mir noch eine Woche Urlaub, um meine Verwandten in Schottland zu besuchen. Sobald ich wieder in Boston bin, heißt es: „Zurück an die Arbeit!" Wieder um drei Uhr morgens aufstehen und lange, anstrengende Trainingseinheiten mit meinem Trainer. John findet: „Eine Goldmedaille reicht noch nicht."

Nach dem Jahreswechsel geht die Wettkampfsaison wieder los, und ich richte meinen Blick auf die Weltmeisterschaften 2013 in Montreal. Ich bin gespannt, wie meine Zeiten jetzt aussehen werden, da ich ein ganzes Jahr Training hinter mir habe und kein Neuling mehr bin. In London hatte ich null Erfahrung mit Wettkämpfen auf internationaler Ebene. Es ist ein großer Unterschied, ob man bei nationalen Wettkämpfen antritt mit vielleicht fünfzig bis hundert Leuten auf der Tribüne oder international, wo bis zu 22.000 Leute im Stadion sitzen und weitere Millionen Zuschauer vor den Fernsehgeräten. Die meisten großen Sportveranstaltungen werden von vielen Medien und viel Tamtam begleitet. Ich bete, dass es bei der WM nicht noch mal so ein Drama gibt, damit ich es einfach genießen kann, Teil des amerikanischen WM-Kaders zu sein und mich aufs Schwimmen zu konzentrieren.

Leider kommt es anders.

Der Klassifizierungsausschuss vom Internationalen Paralympischen Komitee ist noch nicht fertig mit mir. Trotz der Unmenge an medizinischen Dokumentationen, die ich schon vorgelegt habe, und der quälenden Beurteilung, der ich in London unterzogen wurde, lässt das IPC nicht locker. Es wurde entschieden, dass ich ein Jahr nach meinem letzten Klassifizierungstest vom September 2012 neu beurteilt werden muss, um zu überprüfen, ob alles noch seine Richtigkeit hat. Die Weltmeisterschaften sind im August. Ich gehe also davon aus, dass ich mir wegen der Klassifizierung erst nach der WM den Kopf zerbrechen muss. Falsch gedacht! „Man hat beschlossen, nicht bis September zu warten. Du sollst bereits im August noch einmal klassifiziert werden", teilt mir unsere Teammanagerin eines Tages nüchtern mit.

„Das ist ein Scherz."

Bitte lass das einen Scherz sein!

Meiner Meinung nach ist es absolut falsch, während einer großen Veranstaltung die Klassifizierung zum Thema zu machen. Damit bringt man die Athleten durcheinander und lenkt sie davon ab, sich auf ihren Sport zu konzentrieren. Wer weiß, wie viel ich in London hätte schaffen können, wenn mir die Klassifizierungsexperten das Leben nicht so schwer gemacht hätten! Ich war in London wirklich erst am allerletzten Wettkampftag ich selbst.

Ich bin also fest entschlossen, alles dafür zu tun, dass sich das, was in London passiert ist, nicht wiederholt. Ich will nicht antreten und dann wieder gedemütigt werden. Meine Zeiten sind gut und ich stelle beim Training einen Weltrekord nach dem anderen auf. Die Trainer des Nationalkaders sind begeistert und ermutigen mich immer wieder, zu den Weltmeisterschaften zu fahren. Mehrere Trainer versichern mir, dass sich das, was in London passiert ist, nicht wiederholen werde und dass diese neue Klassifizierung nur eine „Formsache" sei.

Irgendwann glaube ich ihren Worten und sage zu, bei den Weltmeisterschaften anzutreten. John und ich haben unseren festen Rhythmus und ich kann es nicht erwarten, wieder auf internationalem Parkett aufzutreten. Besonders jetzt, da ich so viel trainiert habe. Die Sponsoren werden auf mich aufmerksam und die Vorankündigungen und Werbefilme für die Paralympischen Spiele in Rio 2016 laufen bereits an.

Meine größte Konkurrentin schwimmt momentan keine Bestzeiten. Ihre Zeiten haben sich nach London sogar verschlechtert. Auch wenn ich kein überzogenes Selbstvertrauen habe, bin ich doch zuversichtlich, dass ich sie in Montreal schlagen kann. Es wird ein weiterer Kampf der Teenager werden, aber dieses Mal sind wir beide ebenbürtig. Ich habe an Training aufgeholt und sie vielleicht sogar ein wenig überholt. Ich bin nicht mehr das Mädchen, das hinterherschwimmt. Jetzt bin ich diejenige, die es zu schlagen gilt.

*

Die Weltmeisterschaften 2013 in Montreal werden *meine* Veranstaltung. Ich habe gerackert und gekämpft, um es so weit zu bringen. Meine Familie und meine Freunde haben ihre Zeit und Energie geopfert und mich grenzenlos unterstützt. Ihr Zuspruch treibt mich an. Deshalb setze ich mich trotz erneuter, starker Schmerzen in meinen überlasteten Ellbogen und Schultern weiter unter Druck. Inzwischen hat meine Familie verschiedene amerikanische Trainer, Anwälte und Offizielle darüber informiert, dass das IPC meine Klassifizierung erneut überprüfen will.

Rückblickend sehe ich deutliche Warnsignale, was die Absichten dieses Komitees und seines Vorsitzenden angeht: Sie wollen mich von den Wettkämpfen ausschließen. Im Werbefilm für die Weltmeisterschaften in Montreal komme ich nicht vor, obwohl ich seit London zu den Schwimmerinnen gehöre, über die am meisten berichtet wird. Stattdessen wird Ellie Simmonds gezeigt, obwohl ich sie in zwei von drei Läufen besiegt habe. Ich bin jetzt ihre größte und – angesichts ihrer Zeiten – einzige Rivalin, die ihre Platzierungen gefährden könnte. Es ist außerdem interessant, dass Ellie die vorgeschriebenen Zeiten für die WM-Qualifizierung in 50-Meter-Freistil und 100-Meter-Freistil nicht schafft, aber trotzdem an der WM teilnehmen darf.

Nichts davon ist Ellies Schuld. Sie ist genauso ehrgeizig wie ich und will gewinnen. Ich respektiere sie sehr. Die Schuld liegt auf einer viel höheren Ebene – weit über unserem Einflussbereich.

Ein anderes Warnsignal kommt im Juni. Wochen vor den Weltmeisterschaften in Montreal bekommen meine Familie und ich eine besorgte E-Mail von WMUR, einem Partnersender von ABC. WMUR hatte sich per E-Mail an das Internationale Paralympische Komitee gewandt und wollte ein Team nach Montreal schicken, um von den Weltmeisterschaften und meinen Läufen dort zu berichten. Sie baten um einen Terminplan für meine Läufe. Das IPC antwortete dem Sender, dass ich nicht an den Weltmeisterschaften teilnehmen werde. Das geschah, *bevor* einem meiner Trainer oder mir irgendwelche Bedenken wegen meiner Klassifizierung mitgeteilt wurden. Als die amerikanischen Offiziellen beim IPC wegen dieser Angelegenheit nachfragten, antwortete man ihnen, dass es ein Versehen gewesen wäre und dass sie meinen Namen übersehen haben müssten. Merkwürdig! Mein Nachname beginnt mit A. Ich müsste also ganz oben auf der Liste stehen. Schwer zu übersehen …

Trotz dieser sonderbaren Vorfälle hätte ich nicht im Traum daran gedacht, dass wirklich der schlimmste Fall eintreten würde. Mir wird vom Olympischen Komitee der USA versichert, dass sich das, was in London passiert ist, *nicht* wiederholen wird. Und das stimmt: Es kommt nämlich *noch schlimmer* als in London.

Da man mir gesagt hat, dass mein bevorstehendes Gespräch mit dem IPC nur Formsache wäre, beschließe ich, darauf zu vertrauen, dass alles gut ausgehen wird. Natürlich bin ich nervös, aber ich nutze diese Nervosität als Ansporn für mein Training und meine Vorbereitungen. Ich will alles tun, damit mein Land stolz auf mich sein kann. Schließlich ist es eine Ehre, Mitglied des amerikanischen WM-Kaders zu sein, und ich will für meine Mannschaftskollegen da sein.

Ehe ich mich versehe, sitze ich im Flugzeug nach Montreal. Ich will mich freuen, aber meine innere Unruhe lässt mich nicht los.

Wird das wieder genauso werden wie in London?

Wird man mich schwimmen lassen?

Ja, es stimmt, dass ich mittlerweile deutlich schneller schwimme als meine Konkurrentin Ellie, aber das liegt nicht daran, dass ich betrügen würde. Ich hatte mich entschieden, nach den Paralympics nur eine Woche Pause einzulegen, und habe wirklich, wirklich hart trainiert. Der Hauptunterschied zwischen jetzt und London ist, dass ich damals nur ungefähr fünf Monate richtiges Hardcore-Training absolviert hatte. Ich hatte mein Potenzial im Wasser aber noch nicht voll ausgeschöpft. Jetzt habe noch viel mehr trainiert und ein ganzes Team im Rücken, das mich unterstützt und mir hilft, auf höchstem Niveau bei Wettkämpfen anzutreten. Ich habe meine Arbeit gemacht und meine ganze Zeit und Kraft in diesen Sport gesteckt: Jeden Tag bin ich früh aufgestanden; ich bin von meiner Schulabschlussfeier früher nach Hause gegangen, damit ich für die doppelte Trainingseinheit am nächsten Morgen ausgeruht bin, und ich habe auf ein soziales Leben außerhalb der Schwimmhalle verzichtet. Das alles habe ich für diese WM und für alle anderen Wettkämpfe gemacht, die noch kommen sollten – einschließlich der Paralympics 2016 in Rio.

Doch am Ende erreiche ich mit diesem ganzen Abrackern und den Entbehrungen gar nichts. Ich sitze im Auto und fahre zurück nach New Hampshire.

Hoffnung.

Obwohl dem IPC über hundert Seiten an Arztberichten vorliegen, in denen meine Behinderung detailliert beschrieben wird, genügt ihnen das nicht.

Bei meinem Gespräch an der Johns Hopkins-Klinik einen Monat zuvor ging es mir einerseits darum, Seelenfrieden zu finden. Aber ich dachte auch, dass eine Diagnose von dieser angesehenen Institution das Komitee von meiner Aufrichtigkeit überzeugen würde. Mein Arzt an der Johns Hopkins hat die Diagnose bestätigt, dass ich gelähmt bin.

Da er so freundlich und gründlich war, habe ich ihm irgendwann eine Frage gestellt, die mir seit Jahren keine Ruhe lässt. Ich habe gefragt, wie meine Chancen stehen, meine Beine wieder gebrauchen und irgendwann vielleicht sogar wieder gehen zu können. Er hat mir sehr freundlich erklärt, dass ich es mit Reha versuchen könnte, und er hat mir einige neue Forschungsergebnisse von Rückenmarksuntersuchungen gegeben. Aber er sagte auch, dass ein Wunder nötig wäre, wenn ich meine Beine je wieder benutzen wollte.

Als ich dem Arzt diese einfache Frage stellte, hatte ich keine Ahnung, dass sie die Flutwelle auslösen würde, die mir jetzt zum Verhängnis wird. Ich wäre nie auf die Idee gekommen, dass mir durch die Hoffnung auf vollständige Heilung, die noch in mir schlummert, genau das genommen wird, was mir aktuell so viel Hoffnung gibt.

Das IPC benutzt nämlich die Notizen des Spezialisten, um mir die Klassifizierung zu verweigern. Dass ich die Hoffnung geäußert habe, vielleicht irgendwann wieder gehen und meine Beine gebrauchen zu können, ist für das Komitee der Anlass, mich von der WM 2013 auszuschließen. Die Arztnotizen werden aus dem Zusammenhang gerissen und falsch interpretiert. Das IPC ignoriert alle meine anderen medizinischen Befunde und früheren Klassifizierungstests. Meine Einschränkungen werden kleingeredet, verworfen und als „nicht irreversibel" deklariert. Offenbar hat das IPC ein Schlupfloch gefunden. Sie berufen sich darauf, dass meine Beeinträchtigungen eventuell reversibel seien, da ich Hoffnung geäußert habe, dass meine Lähmung geheilt werden und ich meine Mobilität zurückgewinnen könnte.

„Was soll das heißen? Ich darf nicht schwimmen?! Man hat mir versichert, dass sich dieses Drama nicht wiederholen würde!"

Nicht schon wieder!

Bitte.

Bei diesem furchtbaren Gespräch wird mir erklärt, dass ich den Klassifizierungskriterien nicht entspreche: „Victoria, fahren Sie nach Hause. Sie können nicht länger hierbleiben. Gehen Sie bitte Ihre Sachen packen."

Das geschieht an einem Freitagnachmittag um 16:30 Uhr. Am Sonntagmorgen beginnt die WM. Ich habe also keine Zeit, um gegen diese Entscheidung Einspruch einzulegen. Als ich von diesem Gespräch weggehe, in dem ich ohne weitere Informationen und nachvollziehbare Erklärungen vor diese unverrückbaren Tatsachen gestellt werde, bin ich wie betäubt. Ich sitze zitternd und weinend vor meiner Hoteltür und habe nicht mal mehr Kraft genug, um die Tür aufzuschließen. Nachdem mir jemand ins Zimmer geholfen hat, breche ich auf meinem Bett zusammen. Das Telefon klingelt ununterbrochen, aber ich kann mich nicht aufraffen, dranzugehen.

Ich kann mich nicht rühren und starre meinen Schwimmanzug und meine USA-Schwimmmütze an. Alles liegt bereits auf meiner Kommode bereit. Mein Gesicht spiegelt sich in meiner Schwimmbrille.

Wie konnte das passieren?

Wie?

Ich denke an meine Zimmergenossin, die noch beim Training ist. Ich denke an unser Team und den Spaß, den sie haben, während wir trainieren und das Wettkampfbecken ausprobieren. Das IPC lässt mich nicht einmal mit den anderen zum Becken gehen. Sie behandeln mich wie eine Aussätzige mit einer unheilbaren Krankheit. Völlig ausgelaugt, allein, verwirrt und absolut am Boden zerstört, bringe ich irgendwie die Energie auf, meine Sachen zu packen.

Ich gehe bewusst nicht in die Nähe meiner Schwimmsachen, bevor nicht alles andere eingepackt ist. Als ich sie nehmen will, befällt mich eine große Wut und ich schleudere meine Schwimmanzüge, meine Bademützen und Schwimmbrillen durchs Zimmer. Dabei falle ich aus meinem Rollstuhl und stoße mit meinem Kopf an die Tischkante. Aber das ist mir egal.

Viel tiefer kann ich ohnehin nicht mehr fallen.

Ich weiß nicht, was ich fühle. Ich rolle mich zusammen und starre die Wand an. Ich schließe die Augen und will einfach nur aus diesem Albtraum aufwachen.

Das kann doch nicht wahr sein.

Das kann nicht wirklich passieren.

Wach auf, Victoria!

Wach auf!

Die schlimmsten Albträume sind die, aus denen man nicht aufwacht.

Das hier geschieht wirklich.

Sie wollen mich nicht dabeihaben. Das Timing ist so ausgeklügelt, dass ich gegen ihre Entscheidung keine Berufung einlegen kann.

Also fahre ich nach Hause. Es gibt nichts, was ich noch machen könnte. Allen sind die Hände gebunden. Das war's. Keine Gegenwehr. Kein Schiedsgericht.

Von einer Sekunde auf die andere ist alles vorbei. Noch vor wenigen Augenblicken war ich Weltrekordhalterin, Goldmedaillengewinnerin und und als Sportlerin des Jahres nominiert. Jetzt ziehen sich die Sponsoren, die mich umworben haben, zurück, und in allen Medien erscheint mein Name mit der Meldung „nicht behindert genug". Das ist eine grausame und sinnlose Falschauslegung.

Auch wenn es absolut nicht meine Schuld ist, habe ich das Gefühl, mein Team im Stich gelassen zu haben. Ich gehöre zu den aussichtsreichsten Medaillenanwärtern dieser Weltmeisterschaften. In mich wurden hohe Erwartungen gesetzt. Ich habe inzwischen Fans in aller Welt, für die ich eine Inspiration bin und die mich anfeuern wollen. Ich habe einen Trainer und eine Familie, die an mich glauben und so viel geopfert haben.

Doch es ist vorbei.

Keine zwei Stunden, nachdem mir diese vernichtende Entscheidung mitgeteilt wird, sitze ich im Auto – unsere Teammanagerin fährt mich – und bin unterwegs zu meiner Mutter. Ich bin völlig betäubt und habe so viel geweint, dass ich keine Tränen mehr habe und nicht einmal Worte formulieren kann. Ich sitze schweigend auf dem Rücksitz, starre aus dem Fenster und höre mir immer wieder das Lied „Oceans – Where Feet May Fail" (Ozeane – Wo die Füße versagen) von Hillsong United an:

„And I will call upon your name
And keep my eyes above the waves ..."
(Und ich rufe deinen Namen an
Und richte meinen Blick nicht auf die Wellen ...)
Gott, wo bist du?
Kannst du mich überhaupt hören?
Ich bin im tiefen Meer ... und ich gehe unter.
Bitte rette mich.

Aber manchmal hindert uns unsere Wut daran, Gott zu hören und seine Absichten zu verstehen.

Ich suche und suche, aber mein Zorn, meine Frustration und Verwirrung sind lauter als meine Gebete. Ich kann an nichts anderes denken als an meine ausweglose Situation und an meine böswillig verhinderte Schwimmkarriere.

Was geschieht jetzt?
Wie mache ich jetzt weiter?
War es das?
Ist es für mich vorbei?
Ist es wirklich vorbei?

Als ich an diesem Abend nach Hause komme, bin ich einfach nur verzweifelt und weiß nicht, wohin ich mich wenden oder was ich tun soll. Ich sitze mitten in der Nacht im Badezimmer auf dem Fußboden und weine hysterisch. Ich zittere vor Ärger und Empörung.

Entzug kann die Hölle sein.

Niemand weiß bis zu diesem Zeitpunkt, dass das Schwimmen nicht nur mein Sport, sondern auch so etwas wie *meine Droge* ist. Auch wenn ich diesen Sport wirklich liebe, ist er auch mein Mittel, den Schmerz über das, was mir zugestoßen ist, zu betäuben. Mit jedem Schwimmzug schwimme ich von den inneren Kämpfen und Ängsten weg, die mich plagen, seit ich 2009 wieder aus dem „Locked in" aufgewacht bin.

Mit dem Schwimmen wurde mir also auch meine „Droge" von einer Minute auf die andere brutal weggenommen. Ich sehne mich verzweifelt nach dieser Fluchtmöglichkeit. Ich realisiere jetzt die schmerzhafte Wahrheit in ihrem ganzen Ausmaß: Schwimmen ist für mich viel mehr als Medaillen, Ruhm und Sponsoren. Es hat mich ins Leben und in die Welt zurückgebracht. In den zwei bis drei Stunden, die ich jeden Tag trainiere, bin ich wirklich glücklich.

Durch das Schwimmen kann ich den Erinnerungen, dem Schmerz und dem posttraumatischen Stress entfliehen. Ich will nicht ständig im Rollstuhl oder in meinem eigenen Kopfkino gefangen sein. Ich will im Wasser sein, aber jetzt fühle ich mich, als wäre mir ein Dolch in die Brust gerammt worden, der nie wieder herausgezogen wird und der bis ans Ende meines Lebens mein Herz durchbohren wird.

Ich, ich kann das nicht.

Ich, ich MUSS schwimmen.

Ich bin so weit gekommen, und jetzt bin ich doch wieder bei meinem alten Schmerz gelandet. Wozu das alles?

Bald erkenne ich, dass der Verlust des Schwimmens, das mir ein Ziel und eine Fluchtmöglichkeit gegeben hat, der Katalysator ist, der alles verändert.

Warum tun sie mir das an?

Weil ich *Hoffnung* habe. Hoffnung war das, was mich vor Jahren am Leben erhalten hat. Das, woran ich mich am meisten geklammert habe, wirft mich letztendlich aus dem Behindertensport. Das Verhalten des IPC war in diesem Fall – und eigentlich während meiner gesamten Karriere im Behindertenschwimmen – schwer nachzuvollziehen. Die Prüfer konnten keine konkreten Gründe nennen und stützten sich auf Regeln, die ihre eigenartigen Entscheidungen nicht rechtfertigen konnten. Es ist bis heute einfach nicht nachvollziehbar, warum ich nicht schwimmen durfte.

In der Folgezeit melden sich einige der besten Sportanwälte des Landes, die mir alle versichern, dass ich „sehr gute Chancen" hätte, sollte ich mich dazu entschließen, das Urteil des Komitees anzufechten. Ich will nicht lügen, ich spiele tatsächlich mit dem Gedanken, rechtliche Schritte einzuleiten. Aber wenn ich das tun würde, wären mir im buchstäblichen Sinn die Hände gebunden.

Ich dürfte nie meine Geschichte erzählen.

Letzten Endes entscheide ich mich, keine juristischen Schritte zu ergreifen, da ich hoffe, dass meine Schwimmkarriere immer noch gerettet werden kann, ohne dass die Gerichte bemüht werden müssen. Aber das alles spielt keine Rolle, da sich das IPC weigert, von seiner Position abzurücken, und weiterhin Argumente vorbringt, die in meinen Augen nicht zutreffend sind. So übertrieben es auch klingen mag: Ich wurde hinausgeworfen, weil ich noch Hoffnung auf Heilung hatte. Aber ich weigere mich, mir von irgendjemandem meine Hoffnung nehmen zu lassen.

13

Meine Lebenskrise

September 2013 bis April 2015

„Du musst dich noch einmal über das Internationale Paralympische Komitee und das, was in Montreal passiert ist, äußern."

Ich habe genug gesagt.

„Bitte sagt einfach allen, dass sie mich in Ruhe lassen sollen."

Ein Monat ist vergangen, seit meine Welt implodiert ist und meine Schwimmkarriere brutal beendet wurde. Aber die Fragen hören nicht auf. Immer und immer wieder werde ich um Stellungnahmen und Antworten zu meinem Ausschluss von der WM in Montreal gebeten. Aber ich kann nur eine einzige Antwort geben:

Ich wurde dafür bestraft, dass ich Hoffnung habe.

Das Leben, das ich mir in den letzten zwei Jahren so mühsam aufgebaut habe, ist in sich zusammengefallen. Die Offenbarung des Spezialisten von der Johns Hopkins-Universitätsklinik, dass mein ganzes Leiden und die brutalen Schmerzen hätten verhindert werden können, und die Erkenntnis, dass meine Schwimmkarriere zu Ende ist, ziehen mich nach unten. Es ist mir gar nicht richtig bewusst, aber ich bin dabei, mich selbst zu verlieren.

„Aber, Victoria, *du hast doch alles*. Du hast allen Grund, glücklich zu sein."

Unsere Wahrnehmung basiert häufig auf Vermutungen. Aber die Realität ist oft ganz anders als das, was man äußerlich sieht. Leute posten in den sozialen Medien glückliche Bilder, aber innerlich sind sie vielleicht unglücklich und verloren. Wir bauen eine äußere Fassade auf, um die Wahrheit zu verbergen.

„Victoria?"

„Victoria?"

„Ja?"

„Bist du in Ordnung?"

„Ähm, ja. Mir geht es gut."

„Victoria, die Leute stellen viele Fragen. Sie wollen Antworten."

„Ich habe nichts mehr zu sagen."

In Wirklichkeit geht es mir überhaupt nicht gut. Ich drifte langsam ab.

Ich verliere mich wieder. Ich dachte, ich hätte mein Leben wieder aufgebaut. Ich dachte, ich hätte ein solides Fundament. Aber ich sehe auf meine Füße hinab und alles, was ich sehe, ist Sand. Treibsand. Keinen festen Boden. Oft hört man, dass Menschen in der Mitte ihres Lebens eine Krise haben, die sogenannte Midlife-Crisis. Ich bin erst 19, aber ich stecke auch in einer Lebenskrise. Meine Lebenskrise, Teil zwei.

Lichter aus.

Schon wieder.

Genauso schnell wie das Scheinwerferlicht angegangen ist, wird es wieder ausgeschaltet.

Nach dem Montreal-Fiasko kämpfe ich um eine neue Normalität. Ich bin von meiner Familie und von Freunden umgeben und versuche, nach dem Schwimmen irgendwie weiterzumachen.

Das, was mir das IPC angetan hat, war schrecklich, aber ich bemühe mich, diese Erfahrung als Ansporn zu benutzen, um ein neues Ziel zu erreichen: Ich will gehen lernen. Die medizinische Fachwelt sagt, mein Traum vom Gehen sei unmöglich. Aber der Wunsch, es zu versuchen, lässt mich einfach nicht los. Immerhin habe ich schon mehrere unmögliche Ziele erreicht. Ich kann wieder ganz normal sprechen, meinen Oberkörper bewegen, selbstständig leben und vor allem habe ich überlebt.

Nach Montreal schaltet meine Mutter wieder auf Proaktiv-Modus um. Mein Vater hingegen kämpft sehr mit dem, was mir das IPC angetan hat. Wenn er mit den Medien spricht, nimmt er kein Blatt vor den Mund. Er ist unbeschreiblich frustriert. Wie viele Männer wird er wütend, wenn er etwas nicht „in Ordnung bringen" kann. Was in Montreal passiert ist, ist in keiner Weise seine Schuld, aber er fühlt sich dafür verantwortlich, meine Ehre wiederherzustellen. Er hat Mühe, seine Gefühle zu beherrschen.

Wenn ich seine Frustration spüre, ziehe ich mich zurück, wie ich es in der Zeit getan habe, als ich so krank war.

Mama und ich waren immer ein Team. Ihre unermüdlichen Anstrengungen, mir zu helfen, führen uns nach San Diego in Kalifornien zu einer Einrichtung, die *Project Walk* heißt. *Project Walk* ist ein weltweit anerkanntes Rehabilitationszentrum für Rückenmarksverletzungen, das sich auf aktivitätsbasierte Rehabilitationsprogramme spezialisiert hat.

Da ich schon in unzähligen Reha- und Physiotherapie-Einrichtungen war, habe ich keine großen Erwartungen. Meine bisherige Physiotherapie hat sich hauptsächlich darauf konzentriert, dass ich lerne, mit meinem Rollstuhl zurechtzukommen und mein Leben im Rollstuhl möglichst eigenständig zu führen. Verstehen Sie mich nicht falsch: Es war wichtig, dass ich das gelernt habe. Aber ich will nicht in einem Rollstuhl *bleiben*. Ich will wieder auf die Beine kommen. Doch die Chancen stehen schlecht und meine

Physiotherapeuten halten es nicht für sinnvoll, diesen Weg zu verfolgen.

Als ich bei *Project Walk* ankomme, bin ich ziemlich skeptisch und müde.

Aber auf mich wartet eine sehr angenehme Überraschung. Die Leute bei *Project Walk* sind seit sieben Jahren die Ersten, die uns einen Funken Hoffnung machen. Sie geben mir keine Garantie, aber sie sprechen nicht davon, was alles unmöglich scheint, sondern konzentrieren sich auf das, was möglich ist.

Während unseres dreimonatigen Aufenthalts in Kalifornien wohnen wir bei einer Freundin meiner Mutter, die ich „meine Mama an der Westküste" nenne. Allein schon der Abstand zu dem ganzen Chaos zu Hause und die Ruhe in ihrem gastfreundlichen Haus haben eine heilende Wirkung auf mich.

Nach den ersten zwanzig Minuten bei *Project Walk* bin ich schweißgebadet. Ich werde gefordert wie nie zuvor. Das fasziniert mich. Das Gebäude ist wie ein Fitness-Studio eingerichtet, und dort sind lauter Menschen mit verschiedenen Formen von Rückenmarkserkrankungen und neurologischen Beeinträchtigungen. Wir kommen alle in Rollstühlen an, aber sobald unsere Einheit beginnt, müssen wir „aufstehen". Das Training wird unseren individuellen Bedürfnissen angepasst. Jeder meiner Trainer weiß genau, wie weit er mich belasten kann. Ich bin begeistert! Meine Hoffnung bekommt wieder Nahrung.

Gehen zu können liegt aber immer noch in weiter Ferne. In den drei Monaten bei *Project Walk* werden mir die Augen dafür geöffnet, wie gravierend meine Lähmung tatsächlich ist. Aber trotz dieser Erkenntnis bin ich motiviert und voller Zuversicht – der Schlüssel, um ein „unmögliches" Ziel zu erreichen. Glauben Sie mir: Unmögliches ist meine Spezialität!

Das ist der richtige Ort.

Hier habe ich die besten Chancen.

Project Walk entfacht etwas in mir, das sehr lange verloren war. Ich konnte meinen Wunsch, wieder gehen zu können, nie ganz loslassen. Ich war nie bereit, den Gedanken zu akzeptieren, dass ich meine Beine *nie* wieder gebrauchen werde. Es ist nach wie vor mein größter Wunsch, mit anderen Menschen auf Augenhöhe zu sein und die Freiheit zu haben, mich selbstständig jederzeit überallhin bewegen zu können. Bis jetzt wird das durch meinen Rollstuhl und meine Lähmung verhindert. Oft habe ich das Gefühl, in meinem Rollstuhl gefangen zu sein.

Leider können wir nicht ewig bei *Project Walk* bleiben. Unsere Familie und unser Leben sind an der Ostküste. Es ist nicht praktikabel, auf Dauer an der Westküste zu bleiben, wenn der Rest der Familie auf der anderen Seite des Kontinents lebt. Deshalb fahren wir Mitte November wieder nach Hause.

*

Nach meiner Rückkehr geht es mit meinem Leben allerdings drastisch bergab. Wieder daheim zu sein, ist viel anstrengender, als ich erwartet habe. Ich kämpfe damit, mich mit der Realität abzufinden und mich an eine neue Routine zu gewöhnen. Ich fahre oft nach Norden, um meinen Freund, der dort studiert, zu besuchen, und versuche, mich dort einzugewöhnen.

Seine Kumpels sehen in mir immer noch die strahlende Goldmedaillengewinnerin. Ich will normal behandelt werden, aber überall, wo ich auftauche, scheine ich Leute anzuziehen, die das Scheinwerferlicht suchen, das noch immer auf mich gerichtet ist. Dabei versuche ich verzweifelt, genau diesem Rampenlicht zu entfliehen. Meine angeblichen Freunde sonnen sich in meinem Ruhm, aber mich erschlägt der ganze Medienrummel. Um mich abzulenken, stürze ich mich ins Nachtleben, obwohl ich dem Treiben eigentlich überhaupt nichts abgewinnen kann. Plötzlich bin ich vielen schlechten Einflüssen ausgesetzt. Ich bilde mir ein, glücklich zu sein, aber ich jage einer Illusion nach. Das alles ist nur ein Versuch, den Schmerz und die Traurigkeit zu betäuben, die ich mir immer noch nicht richtig bewusst gemacht habe. Ohne es zu merken, entferne ich mich von meiner Familie und meinem Leben und versuche, mir ein anderes Leben aufzubauen – ein Leben, das nicht so wehtut.

Noch immer habe ich den starken Wunsch zu schwimmen. Deshalb gehe ich oft ins Wasser und schwimme bis zur Erschöpfung. Vielleicht tue ich das, weil ich mich nach dem Nervenkitzel der Wettkämpfe und nach Anerkennung sehne. Vielleicht will ich aber auch der Welt beweisen, dass ich noch nicht „verbraucht" bin. Diese Formulierung höre ich in dieser Zeit von meinen neuen Freunden immer öfter. Und auch wenn sie nur „Witze machen", schmerzen solche Worte, besonders in meiner derzeitigen emotionalen Verfassung.

Ich würde meine Gemütslage zu dieser Zeit als Achterbahnfahrt bezeichnen. Alles dreht sich immer schneller und schneller, aber ohne ein Ziel. Es dreht sich so rasant, dass mir schwindelig wird. Nach außen bin ich der 19-jährige Glückspilz, der durchs ganze Land jettet und im Fernsehen auftritt. Der Inbegriff einer erfolgreichen jungen Frau, die schier Unmögliches erreicht hat. Aber niemand weiß, dass ich damit nur meinen inneren Schmerz und meine Unzufriedenheit überdecken will. Von mir wird erwartet, „eine Inspiration, eine Heldin und ein Vorbild" zu sein, aber so fühle ich mich absolut nicht. Ich verstehe es meisterhaft, ein

Lächeln aufzusetzen und andere Menschen glücklich zu machen. Mir ist das zu diesem Zeitpunkt nicht bewusst, aber ich befinde mich auf einem verhängnisvollen Weg, der in schwere Angstzustände und Depressionen führt.

Meine neuen Freunde wollen mich zu Veranstaltungen begleiten und loben mich für meine Leistungen. Ich ertappe mich dabei, dass ich manche Dinge nur mache, weil ich sie beeindrucken will. Immer wieder versuche ich zu beweisen, dass ich alles andere als „verbraucht" bin.

Setz ein Lächeln auf, Victoria.

Weine nicht. Wenigstens nicht vor den anderen.

Sie dürfen nicht sehen, dass du nicht perfekt bist.

Als Kind war ich glücklich und fröhlich und habe viel gelacht. Auch in meiner Familie herrschte eine unbeschwerte Atmosphäre. Selbst als ich schwer krank war, hat meine Familie nie ihren Humor verloren. Vor anderen wirke ich immer noch fröhlich und locker, aber das ist nur oberflächlich. Es ist nicht echt. Tief in meinem Inneren ist von meiner Freude, meinem Humor und meinem Leuchten nicht viel übrig geblieben. Aber ich habe mir angewöhnt zu lächeln, auch wenn ich traurig bin. Lächeln wird zu meiner Überlebensstrategie. Egal, was ich gerade durchmache oder wo ich bin, ich kann wie auf Kommando mein Strahlen einschalten.

Meine engsten Freunde – und sogar meine Familie – haben tatsächlich keine Ahnung, dass es mir mittlerweile so schlecht geht. Ich versuche verbissen, meine inneren Kämpfe und die Unruhe, die immer größer wird, vor allen zu verbergen. Dabei bemühe ich mich jeden Tag, dagegen anzukämpfen und diese dunklen Gefühle zu überwinden. Das gelingt mir, indem ich auf den Betäubungsmodus umschalte, an den ich mich immer mehr gewöhne. Ich sorge dafür, dass ich immer gut zu tun habe, und bin darauf fixiert, meinen Bekanntenkreis, dem der Rummel um mich herum gefällt, zu beeindrucken. Dabei bemühe ich mich immer mehr, mich zu beweisen.

Zeig es ihnen.

So viel habe ich schon erreicht und bin so weit gekommen, aber das ist noch nicht gut genug. Ich drehe mich schneller und schneller. Bis mich Gott sozusagen aus der Achterbahn wirft.

Nein, nein, nein.

Das darf doch nicht wahr sein!

Mein letzter Krampfanfall liegt drei Jahre zurück. Ich habe die Medikamente abgesetzt, da die Ärzte davon ausgehen, dass die Krampfanfälle nicht wieder auftreten werden. Doch sie kommen zurück. Der erste Anfall ist schwach, aber er jagt mir große Angst ein. Ich bemühe mich nach Kräften, ihn als harmlosen Zwischenfall abzutun, aber innerlich mache ich mir wahnsinnige Sorgen.

Was passiert hier gerade mit mir?

Äußerlich scheint alles in Ordnung zu sein, deshalb will ich nicht glauben, dass irgendetwas nicht stimmt.

Wahrscheinlich bin ich einfach nur erschöpft.

Ich setze mich immer mehr unter Druck, kämpfe verzweifelt gegen mein inneres Chaos an und bin so beschäftigt, dass ich keine Zeit habe, nachzudenken. Es wird zu meiner fixen Idee, immer weiterzumachen, perfekt zu sein und Erfolg zu haben. Ich kann nicht – und will nicht – sehen, dass in meinem Leben etwas gründlich schiefläuft.

Viele der Leute, die neu in mein Leben getreten sind, haben nicht mein Bestes im Sinn. Sie tragen sogar unbewusst zu dem emotionalen Chaos bei, das in mir wütet. Ich bin unsicher und habe den starken Wunsch, allen zu gefallen und mich zu beweisen.

Langsam gleite ich immer mehr ab. Aber trotzdem mit einem Lächeln im Gesicht...

Die Krampfanfälle werden häufiger. Ehe ich mich versehe, bin ich krank, müde und von Ängsten geplagt.

Ich verliere mich langsam.

Ich versinke immer tiefer und tiefer in etwas Unbekanntem.

Ich zerbreche.

Wieder fühle ich mich erdrückt, ängstlich und verwirrt. Meine Welt implodiert immer weiter und ich kann scheinbar nichts dagegen tun. Nach wie vor versuche ich, mir nichts anmerken zu lassen und alle glücklich zu machen.

Als meine körperlichen Einschränkungen immer offensichtlicher werden, ziehen sich meine neuen „Freunde" zurück wie Motten, die in die Nacht hinausfliegen, wenn man das Licht ausschaltet. Mein Freund und sein Freundeskreis haben das Interesse an mir verloren und lassen mich fallen.

Jetzt fühle ich mich wirklich verbraucht.

Ich muss aus dieser Achterbahn aussteigen. Ich bin nicht nur emotional völlig am Ende, auch mein Körper kann nicht mehr.

So muss es sich anfühlen, wenn man unaufhaltsam tiefer sinkt.

Bist du schon einmal kerzengerade ins tiefe Wasser gesprungen? Normalerweise kommt man schnell am Beckenboden an und stößt sich wieder nach oben ab. Manchmal – in offenen Gewässern zum Beispiel – taucht man aber viel tiefer. Wenn man dann endlich den Boden erreicht, schwimmt man hektisch wieder nach oben, durchbricht die Wasseroberfläche und holt Luft.

Aber bist du schon einmal ein wenig zu lange unten geblieben? Die Ohren beginnen zu schmerzen, die Lunge zieht sich zusammen und deine Gedanken rasen. Panik setzt ein und man kämpft sich an die Oberfläche.

Was kann ich tun, um die Panik und das hektische Kreisen in meinem Kopf zu beenden?

Ich habe mich ins schnelle Leben gestürzt und bin kerzengerade nach unten gesunken. Aber jetzt schaffe ich es nicht, mich abzustoßen und wieder an die Oberfläche zu gelangen. Ich kann nicht atmen; ich ertrinke. Ich werde dorthin gezogen, wohin mich das Wasser treibt, und von jeder Welle hin- und hergeworfen. So schlingere ich umher und schaffe es nicht zurück ans Ufer. Ich drehe mich ständig im Kreis, komme aber nirgendwo an. Schließlich tritt dieser innere Kampf gegen die Haltlosigkeit an die Oberfläche.

HILFE!

Die Krampfanfälle treten immer häufiger auf. Ich verliere mein „Funkeln". Mein Körper tut weh und es fällt mir von Tag zu Tag schwerer, aus dem Bett aufzustehen und auch nur annähernd so etwas wie Freude zu empfinden. Bis jetzt konnte ich den anderen etwas vorspielen, aber die Fassade bröckelt. Eine meiner größten Ängste bewahrheitet sich: Ein Rückfall.

Ich brauche eine Pause, ich muss aus der verrückten Welt, die ich mir geschaffen habe, ausbrechen. Auftritte, Veranstaltungen, Wettkämpfe, falsche Freunde, Drama und Druck haben von 2012 bis 2014 mein Leben beherrscht. Plötzlich gehen die „Scheinwerfer" aus und wie ein Auto ohne Licht krache ich mit voller Wucht gegen eine Wand.

Ich habe vor langer Zeit ein Zitat gehört, das ungefähr so lautet: „Viele wollen mit dir in der Limousine fahren, aber nur echte Freunde steigen mit dir in den Bus, wenn die Limousine eine Panne hat." Meine „Limousine" ist liegen geblieben und ich habe das Gefühl, gestrandet zu sein. Und es bewahrheitet sich: Die Menschen, die die schlimmsten Zeiten mit dir durchmachen, sind die, mit denen du auch die besten Zeiten feiern solltest.

Die Welt, die ich mir aufgebaut habe, ist eingestürzt, und ich bin unter den Trümmern begraben. Ich habe viel Gewicht verloren und komme buchstäblich nicht mehr auf die Beine. Wieder liege ich auf dem Boden. Ich schiebe meinen Rollstuhl weg und weine.

Wie bin ich hier gelandet?

Wie konnte ich es so weit kommen lassen?

Als ich schwer krank war, war ich körperlich und mental eingesperrt, „locked in". Ich konnte mich nicht bewegen, nicht sprechen, meinen Körper nicht gebrauchen. Es war wie eine Gefängnisstrafe für ein Verbrechen, das ich nicht begangen hatte. Als ich mich daraus befreite, kam ich mit großem Schwung zurück. Ich habe nie wirklich verstanden, was mit mir passiert ist, oder begriffen, welche Folgen das Trauma, das ich durchgemacht hatte, nach sich zieht. Die Traurigkeit, die Verluste und die Misshandlungen, denen ich ausgesetzt war, habe ich nie wirklich verarbeitet. Ich kam mit einem Lächeln zurück und hatte den Ehrgeiz, einfach da weiterzumachen, wo ich vier Jahre zuvor aufgehört hatte.

Vergiss es einfach.

Vergiss alles.

Mich an diese schmerzhaften Zeiten zu erinnern, tat zu sehr weh; der Schmerz war wie ein Glassplitter in meinem Fuß, der sich bei jedem Schritt weiter in die Sohle hineinbohrt. Ich hätte die Wunde verarzten lassen müssen, aber dafür hatte ich keine Zeit. Ich wollte unbedingt alles vergessen. Doch wer mit einer Glasscherbe im Fuß herumläuft, wird irgendwann gezwungen, sie herauszuziehen. Irgendwann tut es so weh, dass man es nicht mehr aushalten kann. Dann muss man sich hinsetzen und die Wunde versorgen.

Setz dich, Victoria.

Schalte einen Gang zurück.

Geht es dir gut, Victoria?
Nein.

Ich habe nichts mehr, auf das ich mich freuen kann, und ich kann es nicht ertragen, zurückzublicken. So bin ich zwischen zwei Welten gefangen: der Gegenwart und der Vergangenheit. Schmerz kontra Schmerz.

Ich erinnere mich noch sehr lebhaft daran, wie meine Mutter in mein Zimmer kommt und mich aufhebt – wie sie es schon immer gemacht hat. „Mama ist da. Du *wirst* das schaffen. Versprochen." Meine Mutter war immer mein Fels in der Brandung, in guten wie in schlechten Zeiten. Ihre Kraft und ihr Durchhaltevermögen sind unerschütterlich. Wenn überhaupt, dann leuchtet ihr Licht in den schwersten Zeiten noch heller. Das habe ich immer an ihr bewundert. Ihre Kraft, Freude und Liebe sind unbeschreiblich.

Meine Mutter realisiert als Einzige, wie kaputt ich bin. Sie hat beobachtet, wie ich mich langsam von meiner Familie zurückgezogen habe, aber sie respektierte meine Bitte, „mir Raum zu geben". Aber sie hörte nie auf, über mir zu wachen. Sie befürchtete, dass der Tag kommen würde, an dem ich zusammenbreche. Das, was ich jetzt erlebe, würde ich allerdings eher als Implosion bezeichnen und weniger als Zusammenbruch. Nun ist meine Mutter erneut zur Stelle und sammelt die Scherben ein. Ich bin nicht die Einzige, die leidet – sie leidet mit mir.

Meine Mutter und ich machen diesen verrückten Weg mit unvorstellbaren Höhen und niederschmetternden Tiefen gemeinsam durch. Als meine Schwimmkarriere vorbei ist, suchen wir beide unseren Platz und unsere Aufgabe. Es war „unser Ding", gemeinsam zum Training und zu Wettkämpfen zu fahren, aber als das Schwimmen so abrupt endete, lief ich sowohl vor dem

Schwimmbecken als auch vor ihr weg. Wir standen uns immer sehr nahe, aber nach Montreal und dem Ende meiner Schwimmkarriere habe ich mich von allen entfernt. Ich versuchte, meinen Schmerz und meine Traurigkeit vor den Menschen, die ich am meisten liebe, zu verstecken.

Das ist NIE gut.

Schließlich finden die Ärzte heraus, dass meine Krampfanfälle eine Reaktion auf ein neues Medikament sind, das mir ein Arzt verschrieben hatte, da er hoffte, dass dadurch ein Rückfall verhindert werden könne. Es dauert eine Weile, aber nachdem dieses neue Medikament abgesetzt wird, merke ich, dass es langsam wieder bergauf geht. Behutsam schiebe ich die Scherben beiseite und versuche wieder einmal, eine neue Normalität für mich zu finden. Leicht ist das nicht, aber mit der Zeit gelingt es mir besser.

Versuche es einfach.

Fang von vorne an.

Aber was ist jetzt dran?

Wenn man nicht weiß, wohin man gehen soll, hat man zwei Möglichkeiten: Man kann sich hinsetzen und die Hoffnung aufgeben oder man steht auf – auch wenn man sich dabei vielleicht sehr wackelig fühlt –, setzt einen Fuß vor den anderen und vertraut darauf, dass Gott einen führt.

Ich war nach Montreal nicht nur vor meiner Familie, sondern auch vor Gott weggelaufen. Aber erst als ich ganz am Boden bin, blicke ich wieder nach oben und entdecke ihn. Ich kehre zurück zum Vertrauen, zum Glauben und zum Wissen, dass er mich hält und dass er gute Absichten für mein Leben hat. Oder, wie Joel Osteen in meinem Lieblingsbuch *Break Out!* (ein Buch, das mein Leben total verändert hat), schreibt: „Gott hat schon jeden Tag deines Lebens in sein Buch geschrieben. Er wusste genau, wann dieser Rückschlag eintritt. Die gute Nachricht ist: Er hat bereits dein Comeback vorbereitet."

Es wird Zeit für mein Comeback.

Es ist Zeit, mein Leben wieder in die Hand zu nehmen und die Richtung zu ändern.

14

Auf Sendung bei ESPN

März 2014 bis Dezember 2015

Herausforderungen und Abenteuer habe ich immer geliebt – schon als kleines Mädchen. Als Kind habe ich mich schnell gelangweilt. Meine Freunde zogen mich oft auf, weil ich so schnell etwas Neues machen und ein anderes Spiel spielen wollte. Nicht stehen zu bleiben war mir wichtig, solange ich zurückdenken kann. Ich war richtiggehend süchtig danach, immer weiterzukommen und herausgefordert zu werden. Das hat mich angespornt, war aber vielleicht manchmal auch etwas überzogen. Jedenfalls konnte ich mir lange nichts Schlimmeres vorstellen, als zurückzugehen. Das hat mir regelrecht Angst eingejagt. Ich musste weiter, weiter, weiter. Immer weiter.

Aber wohin soll es jetzt weitergehen?

Ich dachte, ich hätte mein Leben nach meiner Krankheit gut geplant, aber meine Pläne hatten sich nur auf eine Karriere als Profischwimmerin konzentriert. Als mir das Schwimmen gewaltsam entrissen wurde, fühlte ich mich logischerweise verloren. Ich fing an zu suchen und mich zu fragen, wie es weitergehen soll. Ich lief – bildlich gesprochen – schon eine ganze Weile, ohne eine Pause einzulegen, aber ich hatte mir nicht überlegt, wohin ich laufe. Oder wovor ich weglaufe.

Jetzt mit 19 werde ich gezwungen, darüber nachzudenken, wohin ich eigentlich will. Aber ich habe, ehrlich gesagt, keine Ahnung.

Auf internationaler Ebene zu schwimmen war eine Erfahrung, die mir die Augen geöffnet hat. Es war faszinierend und überwältigend, die Beste zu sein, aber das war auch mit einer großen Verantwortung verbunden. Eine der größten Herausforderungen war der Umgang mit den Medien. Von den Ausscheidungswettkämpfen für die Paralympics bis einige Monate nach dem Montreal-Fiasko war ich ständig präsent in den Medien. Meine Erfahrungen waren zum größten Teil positiv, aber es gab auch einige Erlebnisse – besonders nach Montreal –, die nicht so prickelnd waren. Diese weniger guten Erfahrungen haben meine Meinung über die Medienwelt negativ geprägt.

Doch überraschenderweise tut sich auf einmal eine neue Perspektive auf: Ich bekomme Anfragen von mehreren Sendern, Sportexpertin im Fernsehen zu werden, wie es viele frühere Profisportler machen. Ich wäre also immer noch in der Sportwelt, aber statt selbst zu schwimmen, würde ich über Schwimmwettkämpfe und andere Sportarten berichten. Nach allem, was in Montreal passiert ist, bin ich jedoch ausgelaugt. Deshalb jagt mir die Vorstellung, wieder ins Scheinwerferlicht zu treten, zunächst Furcht ein.

Das Jahr 2014 war eines der schwersten Jahre meines Lebens – sowohl körperlich als auch emotional. Ich kämpfte auf allen Ebenen, um mich über Wasser zu halten. Ich setzte ein künstliches Lächeln auf und bemühte mich, nach außen hin perfekt zu erscheinen. Aber ich bin alles andere als perfekt. Noch während des ganzen Wahnsinns frage ich mich, wie es weitergehen soll.

Bitte, Gott.

Zeig mir den Weg.

Was soll ich denn jetzt machen?

Die vier Jahre, in denen ich in meinem Körper eingeschlossen war, saß ich, bildlich gesprochen, am Spielfeldrand. Eine schreckliche Erfahrung, die ich nie wieder machen möchte. Deshalb bete ich zu Gott, dass er mir meine nächste Herausforderung gibt.

Obwohl meine Schwimmkarriere so ein abruptes Ende nahm, bin ich durch meinen plötzlichen Bekanntheitsgrad nach dem Sieg der Goldmedaille als Vortragsrednerin sehr gefragt. Jede zweite Woche fliege ich in eine andere Stadt und halte Vorträge. Ich setze ein Lächeln auf und spreche darüber, wie man Herausforderungen annimmt und bezwingt, obwohl ich zu der Zeit selbst weit davon entfernt bin, irgendetwas zu bezwingen. Die Leute sagen mir, dass ich sie durch meine außergewöhnliche Geschichte inspiriere, aber – wie ich schon erzählt habe – innerlich bin ich am Ende. Ich tue viel, aber ich komme nicht vom Fleck.

Doch dann verändert sich bei einer Veranstaltung, bei der ich spreche, alles.

Mein Agent, Patrick, fragt mich beiläufig: „Hey, Victoria, könntest du dir vorstellen, auch mal beim Sportsender ESPN ein paar Motivationsvorträge zu halten?" Da ich in dieser Zeit von einem Vortrag zum anderen fahre, sage ich zu, ohne lange darüber nachzudenken. Ich habe so viele Medienauftritte und halte so viele Inspirationsvorträge, dass das für mich nichts Ungewöhnliches ist. Ich bin mit diesem großen Sportsender aufgewachsen und finde ihn toll, aber ich bin so sehr mit mir selbst beschäftigt, dass mich nicht einmal diese besondere Einladung begeistern kann. Allerdings ist mein damaliger Freund ein begeisterter ESPN-Fan. Und so denke ich mir: Mit einem Auftritt dort kann ich bei ihm bestimmt Eindruck schinden.

„Haben Sie schon einmal über eine Karriere beim Fernsehen nachgedacht?", fragt Mike Heimbach, der Präsident von ESPN Global Security, als ich dort vorstellig werde.

Nein.

Diese Frage wurde mir zwar schon häufiger gestellt, aber meine Antwort war jedes Mal die gleiche: „Nein!" Aber irgendwas sagt mir, dass es dieses Mal anders sein könnte. Ich spüre, dass Mike etwas in mir sieht, das ich nicht sehe. Er arrangiert für mich sogar eine Führung durch den Sender.

„Willkommen zur heutigen Ausgabe von SportsCenter!"

Als ich die Gelegenheit bekomme, bei einer Liveübertragung der Sendung *SportsCenter* dabei zu sein, geht mir ein Licht auf: Ich WEISS plötzlich, dass ich auch in genau diesem Studio sein will.

Eine der Sendungen, bei denen ich als Interviewpartnerin auftreten soll, wird von einer Frau moderiert, die Prim heißt. Prim ist wie ich früher Hochleistungssportlerin gewesen und kennt den Wechsel vom aktiven Sport zum Mediengeschäft.

Wieder geht mir ein Licht auf.

Die Scheinwerfer, die Kameras und Mikros, die Action! Plötzlich will ich mehr wissen. Also löchere ich Prim mit Fragen, nachdem die Sendung im Kasten ist. Sie geht sehr geduldig auf meine vielen Fragen und meine Begeisterung ein und lädt mich sogar ein, ein Praktikum bei ihr zu machen.

Wirklich?

„Klar!", antwortet Prim freundlich.

Victoria, du hast ein neues Ziel gefunden!

Natürlich ist das viel leichter gesagt als getan. ESPN ist oberste Liga, die Goldmedaille, die jeder angehende Sportreporter anstrebt. In den USA will *jeder*, der sich für Sportjournalismus interessiert, zu ESPN. Es gibt für einen Sportreporter kaum etwas

Größeres, als bei diesem Sender zu arbeiten. Zu Recht, denn ESPN ist irgendwie verrückt, faszinierend und energiegeladen. Auch wenn die Chancen gering sind, dort eine Stelle zu bekommen, bin ich begeistert von der neuen Idee und will mehr erfahren. Ich bin mir auf einmal ganz sicher, dass ich bei ESPN arbeiten will und dass ich alles tun würde, um hierhin zu kommen.

Einige Monate später beginnt mein Praktikum. Jedes Mal, wenn ich aufs Gelände komme, stellt mich Mike verschiedenen Abteilungsleitern und Produzenten vor. Alle, die ich kennenlerne, sind unbeschreiblich freundlich, und ich nehme mir vor, mit jedem in Kontakt zu bleiben. Im nächsten Jahr hospitiere ich weiter bei Prim und anderen Moderatoren. Das Feuer und die Leidenschaft, die mir in Montreal so brutal geraubt wurden, flammen allmählich wieder auf. Ich weiß mit jeder Faser meines Körpers, dass dieser Sender der Ort ist, an dem ich arbeiten will. Aber …

„Sie sind zu jung."

„Sie bringen keine Berufserfahrung mit."

„Wir stellen nur Leute mit zwanzig Jahren Berufserfahrung ein und keine Küken, die gerade mal zwanzig sind."

„Es ist noch nie vorgekommen, dass jemand mit so gut wie gar keiner Erfahrung eine Stelle bei ESPN bekommen hat."

Der typische Weg eines Sportreporters sieht so aus, dass er zunächst viel Berufserfahrung bei kleineren Sendern und Nachrichtenstationen sammeln muss. ESPN ist dann quasi der Gipfel eines langen, mühsamen Reporterlebens. Man verdient sich diesen Platz durch Erfahrung. Das weiß ich alles, aber ich weiß auch, dass mich nichts aufhalten kann, wenn ich mir etwas zum Ziel setze.

Diese neue Herausforderung hat sehr viel Ähnlichkeit mit meiner Erfahrung beim Schwimmen. Ich wusste auch damals, dass die Chancen, es in den amerikanischen Paralympic-Kader zu schaffen, aufgrund meiner fehlenden Erfahrung sehr gering waren. Und die Chancen, eine Medaille zu gewinnen, waren noch verschwindender. Aber mein ganzer Weg ist von so vielen Wundern und unerwarteten Erfolgen gekennzeichnet! Vielleicht ist es bei mir ja so, wie es Joel Osteen in meinem Lieblingsbuch formuliert: „Gott hat mich für die ganze Mühe doppelt belohnt"? Ich glaube tatsächlich: Wenn man außergewöhnliche Widrigkeiten überwindet, führt das zu einem außergewöhnlichen Leben. Und große Schmerzen führen zu großen Siegen.

Deine Zeit kommt, Victoria!

Ich strebe keine hohe Position im Sender an; ich will einfach irgendwo bei ESPN arbeiten. Ich bin sogar bereit, Kaffee zu holen oder die Toiletten zu putzen. Hauptsache, ich kann dabei sein. Einmal versuche ich sogar, einen Verantwortlichen davon zu überzeugen, dass ich einen kleinen Wagen an meinen Rollstuhl hängen und damit Kaffee an die Mitarbeiter verteilen könnte. Das mag ziemlich schräg klingen, aber manchmal werden Leute ein wenig verrückt, wenn sie eine Leidenschaft verfolgen. Ich weiß einfach, dass hier mein Platz ist. Ich weiß nur nicht, wie ich den Fuß, oder besser gesagt, meinen Rollstuhl, in die Tür kriegen kann.

*

Seit der drastischen Wende in meinem Leben sind nun schon neun Jahre vergangen. Meine Mutter sagt einen denkwürdigen Satz, als wir uns an den schrecklichen April 2006 erinnern: „Victoria, in diesem Jahr wird etwas Erstaunliches passieren."

Es ist der 30. April 2015, und ich habe die Worte meiner Mutter noch im Ohr. Was sie bedeuten, kann ich nicht einschätzen, und ich rechne gewiss nicht damit, dass mein Leben an diesem Tag eine neue Richtung einschlagen wird. Ich habe mit mehreren Verantwortlichen, Produzenten und anderen Leuten, die wichtige Positionen bei ESPN bekleiden, gesprochen. Aber ich gehe zu keinem Meeting mit der Erwartung, tatsächlich eine Stelle angeboten zu bekommen. Ich will mich einfach weiterbilden und dazulernen.

Aber an diesem 30. April verändert ein Gespräch mit Bill Bonnell und Kate Jackson alles.

„Wir wollen Ihnen eine Chance geben, Victoria."

„Ist das Ihr Ernst? Ist das offiziell?"

Verwirrt, aufgeregt und völlig überrascht sitze ich den beiden wunderbaren Menschen Bill und seiner Produktionspartnerin Kate gegenüber und weiß nicht genau, was ich zu diesem überraschenden Angebot sagen soll.

„Kate und ich hätten Sie gern im Sommer bei den Special Olympics in LA in unserem Sendeteam."

Was ich in diesem Moment fühle, kann ich kaum in Worte fassen.

Das ist meine Chance.

Mein nächstes Abenteuer.

Zwei Menschen, die mich kaum kennen, glauben tatsächlich an meinen Traum und sind bereit, es mit mir zu riskieren. Sie wissen nicht, ob ich gut oder schlecht sein werde. Trotzdem wollen sie mir eine Chance geben. Das ist das erste Mal seit langer Zeit, dass wieder jemand an mich glaubt. Bill und Kate ist vermutlich nicht bewusst, wie wichtig dieser Moment für mich ist. Als ich aus diesem Meeting gehe, bin ich ein anderer Mensch. Ich werde diesen Moment nie vergessen und ihnen ewig dankbar sein.

Deine Zeit ist gekommen, Victoria.

Die Special Olympics ist die weltweit größte Sportbewegung für Menschen mit geistiger Behinderung und Mehrfachbehinderung. Das ist anders als bei den Paralympics, wo nur Menschen teilnehmen, die ausschließlich körperlich behindert sind. Die Special Olympics rücken schnell näher. Im Vorfeld habe ich unzählige Stunden mit verschiedenen Medien-Coaches gearbeitet und mit ihnen geübt, „Fernsehexpertin" und Reporterin zu sein. Dieser Reporterjob in Los Angeles wird mein „Probelauf" bei ESPN. Hier soll sich zeigen, ob ich die nötige Begabung für diesen Beruf mitbringe oder nicht.

Hey, mach dir keinen Druck.

Oh Mann, ganz im Gegenteil: SEHR viel Druck!

Aber: Wenn ich unter Druck stehe, wachse ich über mich hinaus.

Manchmal genügt ein einziger Mensch, der an mich glaubt. Und dieser eine, der mich anfeuert, kann lauter sein als tausend Leute, die mir einreden wollen, dass ich es nie schaffen könne. In Los Angeles habe ich ein ganzes Team von Kolleginnen und Kollegen, die mich unterstützen und mich mit offenen Armen aufnehmen. Sie sind so freundlich und trauen mir so viel zu, dass ich einfach aufblühe und alles tue, um ihr Vertrauen nicht zu enttäuschen. Diese Leute glauben an mich. Ich sollte also auch an mich glauben.

Das Fernsehen ist ein wenig Furcht einflößend, aber ich habe schon als Kind die Kamera geliebt. Als Profisportlerin hatte ich nie Probleme mit Interviews vor laufender Kamera, obwohl vielen Sportlern davor graut. Ich muss aber zugeben, dass ich mir nie große Gedanken über die Rolle des Interviewers gemacht habe, bis ich plötzlich selbst die Frau mit dem Mikrofon in der Hand bin. Es ist eine Sache, Fragen gestellt zu bekommen. Aber die Fragen selbst zu stellen, ist eine ganz andere Sache. Ich hatte keine Ahnung, dass bei einem Interview so viele Faktoren eine Rolle spielen. Jetzt lerne ich nicht nur, Reporterin zu sein, sondern Reporterin bei ESPN zu sein!

Schon als Kind war ich von den Olympischen Spielen begeistert. Die Sportler waren meine Idole und ich wollte eines Tages so sein wie sie. Aber ich hätte mir nie vorstellen können, dass ich tatsächlich eine solche Sportlerin sein könnte, bis ich 2012 die Goldmedaille gewann. Seitdem sind drei Jahre vergangen, und meine Liebe zum Sport und meine Bewunderung für die Athleten ist unvermindert. Die ersten Olympischen Spiele, die mich total mitgerissen haben, waren die Sommerspiele 2004 in Athen. Michael Phelps hat damals alle anderen Athleten in den Schatten gestellt. Als ich ihn sah, wusste ich, dass ich auch Gold gewinnen wollte. Michael Phelps und Jenny Thompson waren damals meine großen Idole. Ich hatte einmal Gelegenheit, Jenny bei einem Sponsorentreffen für die Olympischen Spiele kennenzulernen, und das war das erste Mal, dass es mir bei einem Star wirklich die Sprache verschlagen hat. Aber Michael Phelps bin ich zuvor nie begegnet. Bis zu meinem ersten offiziellen Arbeitstag als Reporterin bei ESPN.

„Victoria, dein erster Interviewpartner ist Michael Phelps."

Wa…, wa…, was?!

Ich bin schon auf Wolke sieben, weil ich das ESPN-Mikrofon in der Hand halten darf, doch mit dieser Ankündigung werde ich auf eine noch höhere Wolke katapultiert.

Es ist eine Talkrunde über die Olympischen Spiele, die Paralympics und die Special Olympics. Ich bin die paralympische Moderatorin. Dann ist ein Sportler anwesend, der die Special Olympics repräsentiert, und Michael Phelps repräsentiert die olympischen Athleten. Zu sagen, dass ich nervös bin, wäre eine absolute Untertreibung. Michael Phelps ist meiner Meinung nach mit Abstand der größte Olympiasieger aller Zeiten, und ich darf ihn interviewen! Ich, Victoria Arlen, die als kleines Mädchen eine Goldmedaille wie ihr Held Michael Phelps gewinnen wollte. Jetzt bin ich nicht nur Goldmedaillengewinnerin. Heute habe ich auch noch die Gelegenheit, den Mann zu interviewen, der mich dazu inspiriert hat.

„Du machst das gut. Sei einfach du selbst. Du schaffst das!", ermutigen mich Kollegen.

Der erste Dreh geschieht unter Ausschluss der Öffentlichkeit, aber beim zweiten Mal sind wir von Kameras und vielen Leuten umringt, die alle etwas von Michael wollen. Als Kinder blicken wir oft zu bestimmten Menschen auf, ohne sie wirklich zu kennen. Wenn man dann feststellt, dass das frühere Idol genau so ist, wie man ihn sich vorgestellt hat, dann ist das wunderbar. In diesem Fall übertrifft die Begegnung meine Erwartungen sogar. Michaels Herzlichkeit, Freundlichkeit und Geduld zeigen mir, dass er wirklich ein ganz besonderer Mensch ist. Dafür bin ich ewig dankbar.

Eine andere unvergessliche Begegnung an meinem ersten Arbeitstag habe ich mit Robin Roberts. Während der Jahre, in denen ich in meinem Körper gefangen war, habe ich sie jahrelang in der Sendung *Good Morning America* gesehen. Robin hat mich jeden Morgen begrüßt, als ich nicht wusste, was der Tag bringen würde. Mein erstes offizielles Debüt bei ESPN habe ich bei der Eröffnungsfeier der Special Olympics. Robin ist sehr früh am Set, um beim Kaffeeverteilen und anderen Vorbereitungen zu helfen. Ich bin ein wenig verunsichert. Immerhin habe ich diese Frau noch vor wenigen Jahren jeden Morgen von meinem Krankenbett aus im Fernsehen gesehen. Sie lächelt herzlich und stellt sich vor. Dann setzt sie sich zu mir. Ich habe einen Einspieler aufgenommen. Als er bei der Liveübertragung gesendet wird, schaut mich Robin an und hebt anerkennend beide Daumen. Diesen Moment werde ich nie vergessen.

Der Rest der Special Olympics ist von faszinierenden Leistungen durch unbeschreiblich starke und inspirierende Sportler geprägt. Ich war schon immer eine große Verfechterin der Special-Olympics-Bewegung und habe vor meiner Erkrankung an der Schule Menschen mit geistiger Behinderung begleitet. Aber diese Spiele aus der Nähe zu verfolgen und die Sportler am Spielfeldrand kennenzulernen, ist ein unvorstellbares Erlebnis.

Diese Erfahrung hat wirklich mein Leben verändert.

Die Geschichte von anderen zu erzählen, bewirkt etwas.

Ich habe nie gewusst oder wirklich verstanden, welche Wirkung und Macht eine Geschichte hat, bis ich anfing, die Geschichten anderer Menschen zu erzählen. Ja, ich habe in den letzten Jahren meine eigene Geschichte auch immer und immer wieder erzählt. Aber sie hat auf mich selbst keinen Eindruck gemacht. Ich habe andere dadurch berührt und ihnen Impulse gegeben, aber ich selbst war nie davon inspiriert.

Jetzt halte ich zum ersten Mal das Mikrofon in der Hand und helfe dadurch einem anderen Menschen, seine Geschichte weiterzugeben. Für ein paar Tage kann ich meine eigene Lebensgeschichte zurückstellen und mich auf etwas anderes konzentrieren. Nach einem so turbulenten Jahr tut das einfach nur gut. Hier in Los Angeles höre ich jeden Tag die unterschiedlichsten Lebensgeschichten, die mich begeistern. Ich werde nie vergessen, was mir mein lieber Freund, der Superstar der Special Olympics und ESPN-Kommentator Dustin Plunkett, mit auf den Weg gegeben hat: „Wenn du dir die Zeit nimmst, mit den Sportlern zu sprechen, verspreche ich dir, dass dich das für immer verändern und inspirieren wird." Dustin hatte zu hundert Prozent recht.

Dieser Einsatz in LA markiert erst den Anfang meiner Karriere bei ESPN, aber er entfacht auch ein Feuer in mir – ein Feuer, das im vergangenen Jahr fast erloschen war. Ich finde wieder einen Sinn, Inspiration und Kraft für mein Leben.

Für immer verändert.

Als ich aus LA nach Hause komme, bin ich definitiv eine andere. Jetzt sitze ich wieder in einem ESPN-Meeting mit verschiedenen Verantwortlichen des Senders. Es wird reflektiert, wie ich mich in LA geschlagen habe und ob ich tatsächlich „das Zeug für eine Sportreporterin habe". Es gibt noch so vieles, was ich lernen muss, aber ich kann mir keinen besseren Ort vorstellen, um das zu lernen, als den Sender, der bei mir die Begeisterung fürs Fernsehen entfacht hat.

Habe ich die nötigen Voraussetzungen für diesen Job?

Bekomme ich einen Vertrag?

Jedes Mal, wenn ich etwas leidenschaftlich verfolge, bekomme ich starke Zweifel, und in mir kämpfen die unterschiedlichsten Gefühle – besonders wenn mein Ziel ungewöhnlich ist und vom normalen und leichten Weg abweicht. Meine eigene Stimme sagt oft am lautesten *Nein* und meine inneren Kämpfe entmutigen mich mehr als das, was andere sagen.

Wie kann ich diese Zweifel abstellen?

Ich habe zwar keinen „Zauberknopf" gefunden, der meine Zweifel schlagartig zum Schweigen bringt, aber ich habe festgestellt: Wenn ich mir angewöhne, an mich zu glauben, geht mir diese Einstellung mit der Zeit in Fleisch und Blut über.

Ich habe die Erfahrung gemacht: Wenn sich meine Zweifel lautstark melden, dann stehe ich normalerweise kurz vor etwas Großem. Aber ich muss Vertrauen zu Gott und Vertrauen zu mir haben.

Glaube und Angst passen nicht zusammen. Deshalb lerne ich, meinen „Glaubenssender" immer lauter aufzudrehen und meinen „Angstsender" leiser zu stellen. Das ist ein wenig so wie der Kontrast zwischen Horrorfilmen und Wohlfühlfilmen. Nach Horrorfilmen ist man angespannt, hat Angst und fragt sich, ob das Monster nachts unterm Bett oder im Schrank sitzt. (Übrigens: Ich bin kein großer Fan von Horrorfilmen.) Aber nach Wohlfühlfilmen ist man inspiriert und gestärkt und hat das Gefühl, man könnte es mit der ganzen Welt aufnehmen.

Beim Glauben und der Angst ist es sehr ähnlich. Angst erfüllt mich mit Zweifeln und noch mehr Furcht. Aber Glaube schenkt mir Hoffnung und Mut. Manchmal muss ich die Angst fühlen und vertreiben, während ich gleichzeitig am Glauben festhalte, der mir den Mut gibt zu fliegen.

Als ich aus LA zurückkomme, stehe ich vor einer Weggabelung. Ich weiß jetzt, wie ich in meinem Leben weitermachen will, aber ich weiß nicht, ob ich dazu eine Chance bekomme. Kurz zuvor habe ich die Gelegenheit, ans College zu gehen, abgelehnt und mich für ein Online-Studium entschieden. War das die richtige Entscheidung?

Es mag albern klingen, aber ein Teil von mir will einfach eine ganz normale Zwanzigjährige sein, und ich hatte gedacht, ans College zu gehen, würde mir dabei helfen. Aber anscheinend kommt bei mir immer etwas Ungewöhnliches dazwischen. Während der Highschool war es der Gewinn einer Goldmedaille und das Aufstellen von diversen Weltrekorden. Nach der Highschool waren es Vortragsreisen und Fernsehauftritte, dann war es *Project Walk*, und jetzt ist es ESPN. Die meisten in meinem Alter studieren, um einen Plan für ihr Leben zu finden. Das Verrückte bei mir ist, dass ich bereits den Weg kenne, den ich in meinem Leben einschlagen möchte. Es ist mehr, als Vorträge zu halten, und es ist mehr als Schwimmen. Ich weiß nur nicht genau, wie ich es anfangen soll.

Warten.

Wünschen.

Wollen.

Geduld ist nicht meine Stärke.

Es ist ein schöner Septembermorgen und ich sitze in der Empfangshalle von ESPN und gehe die vielen Termine durch, die ich an diesem Tag habe.

Das ist es.

Jetzt wird es entschieden.

Bleibe ich bei ESPN?

Oder fahre ich nach Hause und fange wieder von vorne an?

Zum ersten Mal, seit mir das Schwimmen genommen wurde, bin ich glücklich und freue mich auf meine Zukunft. Ich blicke nicht mehr wehmütig zum Schwimmbecken zurück und wünsche, alles wäre anders gekommen. Ich warte auch nicht mehr darauf, dass das Internationale Paralympische Komitee seine Meinung ändert und mir eine faire Chance gibt. All das spielt keine Rolle mehr. Heute werde ich herausfinden, ob ich meine Leidenschaft für den Journalismus weiter fortführen und vorwärtsgehen kann.

Es ist so weit.

„Sie wissen, dass ich es Ihnen offen und ehrlich sagen würde, falls ich der Ansicht wäre, dass Sie Ihre Arbeit in LA recht anständig gemacht haben. Dann würde ich Ihnen sagen, dass Sie sich einen Agenten suchen und sich dann bei einem anderen Sender um eine Stelle bemühen sollten, um besser zu werden, bevor Sie sich bei ESPN bewerben können."

„Ja, das verstehe ich."

„Aber das sage ich nicht. Ich sage: Sie gehören hierher. Wir wollen Ihnen eine Stelle bei ESPN anbieten."

„Ist … ist … ist das Ihr Ernst?"

„Ja, ich möchte Sie offiziell bei ESPN begrüßen."

Unfassbar! Ich habe gerade eine sehr schwere Zeit durchgemacht. Bei meiner Suche nach einem neuen Sinn habe ich die Werte vergessen, die mir mein ganzes Leben lang wichtig waren. Jetzt bekomme ich kurz nach meinem 21. Geburtstag ein Stellenangebot von ESPN und die Chance, eine der jüngsten Moderatorinnen, die ESPN je beschäftigt hat, zu werden! Diese Erfahrung macht mir bewusst, wie Gott unsere Rückschläge benutzt, um uns weiter nach vorne zu bringen. ESPN hat mir sozusagen die Hand gereicht und mir geholfen, wieder auf die Beine zu kommen. Nicht nur im übertragenen Sinn! Damals konnte ich freilich noch nicht ahnen, dass mir diese Erfahrung auch helfen würde, körperlich wieder auf die Beine zu kommen.

Es wird Zeit, aufzustehen.

15

Wieder auf den Beinen – im buchstäblichen Sinn

November 2015 bis März 2016

Narben. Ich definiere eine Narbe als Erinnerung – manchmal sichtbar, manchmal nicht sichtbar – an einen Kampf oder an einen Moment, in dem ich verwundet wurde. Ich habe auf meinem Weg einige Schmerzen einstecken müssen und viele Narben sind zurückgeblieben, aber die meisten sichtbaren Narben von den verschiedenen Operationen und Behandlungen sind verheilt. Die Narben an meinem Bauch, wo früher meine Ernährungspumpe saß, sind unter meiner Kleidung versteckt; die Narben auf meinem Rücken von der Entzündung, die die TM verursacht hat, sind ebenfalls versteckt. Die Narben, die mir meine Krankheiten geschlagen haben, sind also nicht zu sehen. Bis auf eine.

Mein Rollstuhl.

Als sich mein Zustand verbessert und ich 2010 ins Leben zurückkehre, wird mir immer wieder von verschiedenen Seiten gesagt: „Du wirst nie wieder gehen können. Der Schaden an deinem Rückenmark ist irreversibel." Es stimmt: Die Wahrscheinlichkeit, dass man wieder gehen kann, wenn man länger als zwei Jahre lang gelähmt ist, ist gleich null. Ich war sogar vier Jahre vollständig gelähmt, wodurch meine Chancen, je wieder gehen zu können, noch geringer sind.

Ich dachte, ich hätte mich damit abgefunden, dass ich nie wieder auf die Beine komme, und bin dankbar, dass ich halbwegs normal leben kann. Mein Rollstuhl hat einiges erschwert, aber er kann mich nie wirklich aufhalten. Mit 17 habe ich gelernt, trotz Rollstuhl selbstständig zu sein und mich allein zurechtzufinden. Aber wenn ich das Haus verlasse, ist es natürlich nicht schön, im Rollstuhl zu sitzen. Fremde behandeln mich manchmal sonderbar, und manche Mitschüler waren wirklich gnadenlos. Aber wenn ich zu Hause bin, umgeben von meiner Familie und meinen Freunden, ist alles gut.

Im Laufe der Zeit wächst jedoch meine Unzufriedenheit mit meiner Situation. Es ist hart, nicht gehen zu können, da es früher so selbstverständlich für mich war. Ich weiß, wie sich Freiheit anfühlt, und ich sehne mich immer stärker danach. Manchmal, wenn ich morgens noch nicht ganz wach bin, schiebe ich meine Beine über die Bettkante und will aufstehen. Natürlich falle ich zu Boden und werde dadurch schmerzhaft in die Realität zurückgeholt.

Irgendwann begreife ich, dass ich mir etwas vormache, wenn ich behaupte, dass es okay sei, an den Rollstuhl gefesselt zu sein. Wenn ich ehrlich bin, gefällt mir das überhaupt nicht. Der Rollstuhl ist die letzte Erinnerung an das, was ich durchgemacht habe.

Ich kann mich nicht damit abfinden, dass ich buchstäblich alle Hindernisse überwunden habe bis auf dieses eine: nicht gehen zu können. Ich habe überlebt, mich unerwartet schnell von meiner Krankheit erholt und habe angefangen, wieder zu leben. Ich führe ein erstaunliches Leben und kann viele Erfahrungen und Leistungen vorweisen, die meine kühnsten Träume übertreffen.

Aber ich bin nie wieder auf die Beine gekommen. Meine Unfähigkeit, diese Hürde zu überwinden, lässt mir keine Ruhe und verfolgt mich jeden Tag, wenn ich vom Bett aufstehe und mich in meinen Rollstuhl setzen muss. Er ist meine letzte Narbe.

Ich versuchte lange, das Beste aus der Situation zu machen – mit schicken, aufgemotzten Rollstühlen, besten Parkplätzen und lustigen Momenten mit meiner Familie und meinen Freunden. Viele fühlen sich im Umgang mit Rollstuhlfahrern sehr unsicher. Aber meine Familie, meine Freunde und ich haben einen ganz eigenen Sinn für Humor und haben uns einige alberne Späße einfallen lassen.

William und Cameron hatten gelernt, mit einem Auto zu fahren, in das mein Rollstuhl passte. Sie wussten auch, was zu tun war, wenn meine Ernährungspumpe streikte. Es war nicht leicht, aber sie waren für mich da und halfen mir. In der Öffentlichkeit zu sein, war anfangs schwer für mich. Die unablässigen Blicke und Kommentare haben meine Unsicherheit noch verstärkt.

Eines Tages gingen William, Cameron und ich shoppen. Es war einer unserer ersten gemeinsamen Ausflüge. In dem Geschäft war eine Frau, die mich unablässig anstarrte, während ich die Blusen an einem Ständer anschaute. Ich wollte einfach ein wenig Normalität, aber diese Frau vereitelte diesen Plan.

Ich sah ihr an, dass sie mich ansprechen wollte, aber ich weigerte mich, ihr in die Augen zu blicken. Als ich dann doch aufschaute, stand sie mit diesem merkwürdig anmutenden Lächeln vor mir. „Warum sitzt du im Rollstuhl?", fragte sie mich mit kindlich hoher Stimme. William und Cameron hörten sie und ich signalisierte ihnen mit meinem Blick, dass sie mitspielen sollten.

„Wovon sprechen Sie?"

Sie sah verwirrt aus und legte den Kopf schief. „Der … der Rollstuhl, in dem du sitzt. Was stimmt bei dir nicht?" Diese Bemerkung ging eindeutig zu weit.

„Wie bitte? Ich sitze in einem Rollstuhl?! Nein! Das kann nicht sein! William, Cameron, warum weiß ich nichts davon?!"

William und Cameron spielten sofort mit. „Mensch, warum haben Sie ihr das gesagt?!", blaffte William die verdatterte Frau an, obwohl es ihn viel Mühe kostete, nicht lauthals zu lachen. Cameron packte meinen Rollstuhl und begann, mich aus dem Geschäft zu schieben. „Na toll! Das hat uns gerade noch gefehlt. Vielen Dank auch!"

Als wir um die Ecke waren, brachen wir alle drei in lautes Gelächter aus. Solche Momente erleichterten mir das Leben im Rollstuhl. Es war nicht ideal, aber wir machten uns unseren Spaß daraus und fanden immer einen Grund zu lachen. Solange man lacht, weint man nämlich nicht.

Wenn ich heute auf diese Situation zurückblicke, ist mir bewusst, dass diese Frau ihre Frage nicht böse gemeint hat, sondern höchstwahrscheinlich noch nie zuvor mit jemandem gesprochen hatte, der im Rollstuhl sitzt, und auch keine Ahnung hatte, wie man mit so einer Situation umgeht. Sie war einfach neugierig, so wie die meisen Menschen. Aber mir hat es in diesem Moment geholfen, lachen zu können.

*

Trotz der komischen Erlebnisse als Rollstuhlfahrerin und der coolen Rollstühle, die ich habe, bin ich nicht zufrieden mit meiner Situation. Egal, was ich tue oder schaffe, wache ich jeden Morgen auf und werde mit dieser *gravierenden* Beeinträchtigung konfrontiert, der ich nicht entkommen kann.

Wer sagt, dass du das Unmögliche nicht schaffen kannst?

Im Gegenteil: „Das Unmögliche" scheint meine Spezialität zu sein. Wer sagt denn, dass ich nicht selbst definieren kann, was *möglich* ist und was nicht? Ich erinnere mich an das Versprechen meiner Eltern, als ich mich nur schwer damit abfinden konnte, dass ich an einen Rollstuhl gefesselt bin. Sie versprachen, dass sie mir ihr ganzes Leben lang helfen würden, mir alles zurückzuholen, was mir genommen wurde. Damals hatten sie keine Ahnung, wie das gehen sollte, aber sie versicherten mir, dass sie nie aufhören würden, ein Heilmittel oder eine Möglichkeit zu suchen, damit ich wieder auf die Beine komme.

Deshalb kann ich das Gefühl nicht loswerden, dass ich tatsächlich alle nur denkbaren Möglichkeiten ausloten sollte, um eines Tages vielleicht doch wieder gehen zu können. Dieses Gefühl lässt mich einfach nicht los und hält mich oft nachts vom Schlafen ab.

Ich weiß, dass Gott oft in den dunkelsten Momenten am lautesten spricht. Aber manchmal ist die Dunkelheit so erdrückend, dass ich das kleine Licht und den Weg, den Gott vor mir bereitet, nicht sehen kann.

„Was willst du wirklich, Victoria?"

Ich will gehen.

„Worauf wartest du dann noch?"

Meine Mutter hatte schon immer die Einstellung: „Nichts ist unmöglich." Als mich meine Lehrerin als Kind fragte, was ich einmal werden will, wenn ich groß bin, habe ich stolz geantwortet: „Goldmedaillengewinnerin." Die anderen Kinder haben gelacht; sogar die Lehrerin hatte Mühe, sich ein Grinsen zu verkneifen. Aber ich habe mir das Wort trotzdem auf ein Bild gemalt.

Als ich dieses Poster strahlend mit nach Hause brachte und es meiner Mutter zeigte, kommentierte sie: „Du kannst alles schaffen, mein Mädchen. Du musst es nur wollen." Mama hat mich immer angefeuert und ermutigt. Deshalb überrascht es mich nicht, dass sie sofort dabei ist, als ich die Chance bekomme, gehen zu lernen – oder es wenigstens zu versuchen.

Das Versprechen.

Wie ich bereits erzählt habe, waren meine Mutter und ich von September bis November 2013 in dem weltweit anerkannten Rehabilitationszentrum für Lähmungen, *Project Walk*, in San Diego, Kalifornien. Aber wir konnten damals nicht länger dortbleiben, da unser Lebensmittelpunkt an der Ostküste ist. Während der letzten Tage unseres Aufenthalts dort sprach der Leiter von *Project Walk* mit meiner Mutter und mir über die nächsten Schritte. Er bat mich eindringlich, nicht lockerzulassen. Sonst könne es sein, dass meine erzielten Fortschritte schnell wieder verschwinden würden.

Er erklärte uns damals, dass *Project Walk* ein Franchise-Unternehmen ist. Und er sagte, dass es an der Ostküste bislang keine Franchise-Niederlassung von *Project Walk* gebe.

Mama, ich glaube, du hast gerade deine Berufung gefunden!

Schon als Kind wollte meine Mutter anderen Menschen helfen. Und ich weiß, dass ich diese Leidenschaft von ihr habe. Aber sie hat nie den richtigen Platz gefunden, an dem sie diese Neigung ausleben konnte. Als meine Brüder und ich klein waren, blieb sie zu Hause, um sich um uns Drillinge zu kümmern. Das war ein Fulltime-Job. Während meiner Erkrankung verbrachte sie fast ihre ganze Zeit damit, sich um mich zu kümmern. Aber als meine Brüder und ich älter wurden und selbst ich keine Rund-um-die-Uhr-Betreuung mehr brauchte, hatte sie immer noch das starke Bedürfnis, anderen zu helfen und etwas Positives zu bewirken. Als wir in Kalifornien waren, haben wir oft darüber gesprochen, dass wir mit all unserer Erfahrung und unseren Erlebnissen auch anderen helfen könnten, aber wir waren immer ratlos, wie das aussehen könnte.

Doch dann sprach uns der Leiter von *Project Walk* an und erzählte uns von dem Franchising-Modell. Von da an wussten wir es bereits: Das sollte unser nächster Schritt sein. So etwas hatten meine Mutter und ich gesucht.

Und so öffnet am 24. Januar 2015 – mitten in einem der heftigsten Schneestürme des Winters – *Project Walk Boston* seine Türen. Diese Therapieeinrichtung ist das Geschenk meiner Familie an mich und viele andere Menschen, die mit ähnlichen Herausforderungen kämpfen. Es ist ein Ort, an dem Familien und Menschen, die auch so viel verloren haben wie ich, heil werden können und sich nicht allein zu fühlen brauchen.

Der Cheftrainer in unserer neu eröffneten Franchise-Niederlassung ist ein erfahrener Mann, der als Sanitäter bei der Armee gearbeitet hat. John ist kräftig und stark und er weiß genau, wie er mich anpacken muss. Er macht mir klar: „Du bist Hochleistungssportlerin. Deshalb werde ich dich wie eine Hochleistungssportlerin trainieren."

Ich hatte gedacht, mein Schwimmtraining wäre schon anstrengend gewesen, aber verglichen mit *diesem* Training war es geradezu ein Kinderspiel. Fünf Tage in der Woche, fünf bis sechs Stunden am Tag werde ich wie nie zuvor an meine Grenzen gebracht. John macht keine Scherze, als er verspricht, dass er mich wie eine Hochleistungssportlerin rannehmen möchte. Er findet schnell heraus, wie ich ticke und was mich antreibt, und wir beschließen gemeinsam etwas sehr Wichtiges:

Wieder auf die Beine zu kommen, ist meine nächste „Goldmedaille".

Das nächste „Unmögliche", das ich möglich machen will.

„Bist du dabei?"

„Ja. Ich will das unbedingt."

„Gut. Dann gehen wir an die Arbeit."

Und so fängt es an.

Unermüdlich das Unmögliche anzustreben und jeden Tag auf irgendein Lebenszeichen in meinen Beinen zu warten, ist manchmal unglaublich frustrierend. Tagein, tagaus nichts – nicht einmal ein Zucken. Ich sehe, wie bei anderen Klienten von *Project Walk* nach ausdauerndem Training irgendwann die Muskeln zu zucken beginnen. Aber meine Muskeln zeigen *null* Reaktion.

Die Motivation aufzubringen, um trotzdem weiterzumachen, kostet mich viel Energie. Mir nicht dauernd vor Augen zu halten, wie schlecht meine Chancen stehen, und nicht darauf zu sehen, dass meine Beine einfach kein Lebenszeichen von sich geben, ist eine große Herausforderung. Einen Trainer wie John zu haben, der es meisterhaft versteht, diese Frustration in die richtigen Kanäle zu lenken, ist mein Schlüssel zum Erfolg.

Mach weiter.

Gib nicht auf.

Gib niemals auf!

„Hast du aufgegeben, als du um dein Leben gekämpft hast?"

Nein.

„Wie war es, als du für London trainiert und schließlich Gold gewonnen hast?"

Hart.

„Warum willst du dann jetzt aufgeben?"

*

Die Motivation aufzubringen, immer wieder weiterzumachen, kostet sehr viel Energie.

Mach weiter.

Gib nicht auf.

Gib niemals auf!

Wir Sportler wollen Erfolge sehen. Normalerweise sofort. Aber jeder Sportler kennt frustrierende Momente und weiß, dass die Fortschritte zunächst fast immer klein und kaum sichtbar sind. Aber er weiß auch, dass er auf Kurs bleiben muss, auch wenn es noch so schwer und erschöpfend ist. Aber um das Unmögliche zu erreichen, muss man trainieren, als wäre NICHTS unmöglich.

Noch einmal.

Noch einmal.

Noch einmal.

Immer und immer wieder: fordern, bewegen und beten, dass irgendetwas geht. Aber die Zweifel schleichen sich immer wieder ein.

Das hat noch nie jemand geschafft, der so lange gelähmt war.

Bin ich verrückt?

Ist das möglich?

11. November 2015, fast 10 Monate, nachdem ich mit dem intensiven Gehtraining begonnen habe: ein Zucken in meinem rechten Bein. Die erste kontrollierte Muskelreaktion seit fast zehn Jahren! Das ist alles, was ich brauche. Das ist der entscheidende Impuls.

Der Rest des Weges besteht aus vielen kleinen Etappensiegen, die schlussendlich zum großen Erfolg führen. Dieses kleine, schwache Zucken löst diesen gewaltigen Impuls aus. Sportler lieben so was.

Plötzlich ist man im Flow und hat einen echten „Lauf". Das gibt Selbstvertrauen und positiven Antrieb wie nichts anderes. Man macht weiter, weil man Fortschritte sieht und spürt, dass die ganze Plackerei doch sinnvoll war. Man liebt das Gefühl, etwas geschafft und sich verbessert zu haben. An diesem Punkt des Weges hört man *nie* auf.

Dieses Zucken steigert sich zu einer Muskelstimulation, die wiederum zu einem Schritt führt und dann zum nächsten und zum übernächsten. Im März 2016, fast zehn Jahre, seit meine Lähmung eingesetzt hat, bin ich wieder auf den Beinen, als wäre nie etwas gewesen. Ich gehe. Nach den Schritten auf ebenem Untergrund folgt das Treppensteigen und nach monatelangem Training sogar ein Sprung über einen Kasten.

Natürlich kann ich es dabei nicht belassen: springen (obwohl ich immer noch nicht landen kann!), Rad fahren, laufen... Fast auf den Tag genau ein Jahr, nachdem ich wieder auf meinen Füßen stehe, fahre ich Ski in den Schweizer Alpen. Ich kämpfe jeden Tag darum, den Widrigkeiten zu trotzen, und trainiere jeden Tag so hart und ausdauernd wie nie zuvor in meinem Leben. Warum mache ich das? Weil ich weiß, wie es ist, wenn man alles verliert. Weil ich weiß, wie es ist, hinzufallen. Und weil ich das *nie wieder* erleben und *nie wieder* aufgeben will.

Höre nie auf, stärker und besser zu werden.

Entwickle dich immer weiter.

Aber wie jeder größere Sieg und jeder Moment, in dem man „es geschafft hat", kostet der Erfolg einen Preis. Blut, Schweiß und Tränen gehen jedem Sieg – ob groß oder klein – und jedem „goldenen" Moment voraus. In dem Augenblick, in dem man den Pokal hochhält, die Medaille um den Hals gehängt bekommt und die Nationalhymne hört, ist einem durchaus bewusst, dass man dafür einen hohen Preis gezahlt hat. Herausforderungen müssen bezwungen werden und manchmal fällt man dabei in ein tiefes Loch, das tiefer ist, als man es je für möglich gehalten hätte. Aber jedes Mal, wenn man fällt, hat man die Chance aufzustehen und höher zu steigen und besser zu werden als zuvor.

Die Frage ist: Stehst du auf?

Jede Schwierigkeit, jede Herausforderung, jede Träne lohnt sich.
Glaub mir!

Ich bin ein Beispiel dafür, was möglich ist. In unseren schwersten Momenten haben wir die Wahl: aufgeben oder anpacken?

Es kann leicht passieren, dass wir frustriert sind und nur noch weinen können – das ist menschlich. Wenn wir weinen, lassen wir unseren Gefühlen freien Lauf und fühlen uns danach besser. Weinen kann reinigend und heilsam sein. Ab und zu mal Rotz und Wasser zu heulen, ist also okay. Sogar gut.

Aber es ist nicht okay, wenn wir *nur noch* weinen und aufgeben. Ich vergleiche das mit einem Gladiator, der im Kampf verwundet wird. Er hat Schmerzen, aber er hält sich auf den Beinen und versucht, einen Fuß vor den anderen zu setzen.

Mit Tränen und Schweiß, Hoffnung und Optimismus kann mein Körper Erstaunliches leisten.

Gib nicht auf, Victoria!
Trainiere weiter!

Ich muss den Tatsachen ins Auge sehen: Für den Rest meines Lebens werde ich jeden Tag trainieren müssen, um meine neu gewonnenen Fähigkeiten nicht wieder zu verlieren. Jeden Tag muss ich meinen Körper „überlisten" und ihm sagen, dass er *nicht* gelähmt ist. Wenn ich nicht trainiere oder wenn ich müde werde, funktionieren meine Beine nicht so gut und meine Muskeln reagieren nicht so schnell. Mein Nervensystem versucht ständig, sich zu reparieren. Wenn ein Stressauslöser oder eine Krankheit auftritt, verliere ich als Erstes meine Beinfunktion. Es gibt Tage, an denen meine Beine einfach nicht mitspielen und ich mich ein wenig mehr anstrengen muss, damit sie einigermaßen funktionieren. Darüber habe ich bisher nie in der Öffentlichkeit gesprochen.

Die Nervenschädigung wird immer bleiben, und ich kann meine Beine tatsächlich immer noch nicht fühlen. Ich bemühe mich sehr, dieses Handicap zu verbergen, aber egal, wie weit ich gehe: Ich werde nie vor dem Schaden weglaufen können, der vor Jahren angerichtet wurde. Und das ist okay.

Anfangs ist das natürlich eine bittere Pille. Besonders da diese Schädigung hätte vermieden werden können. Aber ich beschließe, mich nicht darauf einzulassen, was alles hätte sein können, denn wenn ich das mache, vergiften mich Bitterkeit und negative Gedanken für den Rest meines Lebens. Lieber lebe ich mit Nervenschmerzen und Nervenschädigungen und damit, dass ich kein Gefühl in meinen Beinen und Füßen habe, als wieder in einen Rollstuhl zurückzukehren. Oder noch schlimmer, ins Wachkoma ...

Hör nie auf, stärker und besser zu werden.

Mach immer weiter.

Auch wenn ich genau weiß, wie es sich anfühlt, alles zu verlieren, weiß ich gleichzeitig, wie es ist, alles zurückzubekommen – und noch vieles mehr. Wie oft bin ich zu Boden gefallen, aber danach auch wieder aufgestanden – sowohl im übertragenen als auch im buchstäblichen Sinn?

Selbst wenn ich zehnmal hinfalle, stehe ich beim elften Mal wieder auf.

Jedes Mal, wenn du fällst, hast du die Chance, wieder aufzustehen.

Daran werde ich jeden Tag erinnert.

So faszinierend und wunderbar es war, eine Goldmedaille zu gewinnen, ist das doch nicht mein „goldener" Moment im Leben. Medaillen und Pokale sind gigantisch, aber letztendlich sind das nur materielle Dinge. Sie definieren nicht, wer ich bin. Was mich –

und uns alle – wirklich definiert, ist, wie wir unsere Herausforderungen bezwingen und unser Leben trotz der Hindernisse, die sich uns in den Weg stellen, meistern. Wirklich wichtig ist, was wir dabei lernen und wie wir an unseren Erfahrungen reifen.

Selbst das Geschenk, wieder gehen zu können, ist nach wie vor mit großen Herausforderungen verbunden. Die meisten sind wahrscheinlich davon ausgegangen, dass alles schlagartig glücklich und wunderbar ist, als ich wieder anfange, erste Schritte zu machen. Aber in Wirklichkeit ist es *beängstigend*, wieder auf die Beine zu kommen! Anfangs – als ich noch kaum gehen kann – habe ich große Bedenken, dass ich nicht mehr alles machen kann, was ich früher konnte. Das Beintraining ist schmerzhaft und ermüdend. Zu Beginn kann ich nur winzige Schrittchen machen. Es ist ein mühsamer Prozess, an meinen rosa Krücken und mit den verschiedenen Beinschienen einen Fuß vor den anderen zu setzen. Als das immer besser gelingt, stellt sich plötzlich auch die Frage nach meiner Identität. Die Öffentlichkeit kennt mich nur im Rollstuhl. Die gehende Victoria von früher kennt niemand. Nicht einmal *ich* kenne sie noch. Die halbe Zeit erkenne ich mich nicht einmal selbst. Bis heute denke ich bisweilen, ich müsste meinen Rollstuhl aus dem Kofferraum holen. Allein die Tatsache, dass ich einfach vom Sofa aufstehen oder das obere Regalfach erreichen kann, ist eine überraschende Erfahrung. Es dauert lange, bis ich mich daran gewöhnt habe, „groß" zu sein. Und dann kommen die ganzen Kommentare und Fragen! Mir wird angst und bange – besonders wenn ich daran denke, wie mich das Internationale Paralympische Komitee und die Medien in Montreal durch den Dreck gezogen und mir vorgeworfen haben, ich wäre nicht „behindert genug".

Was werden diese Leute jetzt sagen oder denken?

Was werden die Medien über mich berichten?

Diese Sorgen mögen albern klingen angesichts des Wunders, dass ich meine Beine wieder benutzen kann, aber solche Gedanken halten mich trotzdem nachts vom Schlafen ab. Ich bin so dankbar, dass ich keinen Rollstuhl mehr brauche, aber mir graut gleichzeitig davor, auf eigenen Beinen in die Öffentlichkeit zu treten. Aber ich kann meine neu erworbene Fähigkeit zu gehen natürlich nicht für mich behalten. Irgendwann muss ich diese Nachricht der Welt mitteilen. Das wird mich zu einem Hoffnungssymbol für andere machen, die im Rollstuhl sitzen und eine Behinderung oder TM haben. Natürlich möchte ich diese große Hoffnung auch gern an andere weitergeben, aber gleichzeitig melden sich in mir auch Schuldgefühle.

Warum kann ich meine Beine wieder benutzen, während so viele andere gelähmte Menschen weiterhin an den Rollstuhl gefesselt sind?

Einerseits bin ich also unwahrscheinlich dankbar, aber andererseits plagen mich diese Schuldgefühle und andere diffuse Empfindungen, die denen ähnlich sind, die ich nach dem Erwachen aus dem „Locked in"-Syndrom hatte. Ich lerne daraus: Unüberwindbare Hindernisse zu bezwingen ist ein großer Segen, aber es ist auch mit Schuldgefühlen verbunden. Wenn man ein „medizinisches Wunder" ist, gibt einem niemand ein Handbuch, wie man mit diesem Status umzugehen hat. Schuldgefühle sind wie ein Sommergewitter: Den ganzen Tag scheint die Sonne, und plötzlich, wenn man nicht damit rechnet, blitzt und donnert es.

So viele Menschen wachen nicht mehr aus dem „Locked in" auf, geschweige denn, dass sie lernen würden, wieder normal zu „funktionieren" und zu leben. So viele Menschen können nie wieder zur „Normalität" zurückkehren. Ich musste dieser Realität viel zu oft ins Auge blicken, bevor ich selbst ein Wunder erleben durfte und meine Beeinträchtigungen mit Gottes Hilfe überwinden konnte.

Meine Arbeit bei ESPN ist weiterhin faszinierend. Im Fernsehen zu sein, bringt aber auch viel Druck mit sich. Das gilt für jeden, der in der Öffentlichkeit steht. Aber wenn man sich unter den wachsamen Augen der Öffentlichkeit von einem Menschen *mit* sichtbarer Behinderung zu einem Menschen *ohne* sichtbare Behinderung verwandelt, dann steigert sich der Druck ganz gewaltig. Meine Karriere bei ESPN läuft dennoch sehr gut weiter. Ich kann mittlerweile wieder auf meinen Beinen stehen und gehen, als wäre nie etwas passiert. Als ich noch im Rollstuhl saß, war er für mich und die Menschen um mich herum eine Erinnerung, dass etwas Schlimmes und Ernstes in meinem Leben passiert ist. Fast jeden Tag sprachen mich Leute darauf an, die ich gar nicht kannte: „Was stimmt mit dir nicht?" Das hat jetzt aufgehört. Und deshalb frage ich mich:

Stimmte mit mir wirklich etwas nicht?
Bin ich denn jetzt wieder „normal"?
Und was genau ist normal?

*

Meine Erfahrungen, die ich gemacht habe, als ich gehen lernte, haben viel Ähnlichkeit mit der Vorbereitung auf die Olympischen Spiele. Man trainiert und trainiert und kann an nichts anderes denken. Essen, schlafen, trainieren, und das Ganze wieder von vorne. Das Training wird im Grunde zum Mittel, um den ganzen Stress und Druck zu verarbeiten. Eines Tages bekommt man eine Goldmedaille um den Hals gehängt. Oder eines Tages steht man auf und geht los.

Ich habe es geschafft.
Ich bin frei!

Moment.

Ich. Bin. Frei.

Endlich.

Es dauert lange, bis ich wirklich begreife, dass ich frei bin. Ich begreife es erst *richtig* fast auf den Tag genau ein Jahr, nachdem ich im März 2016 zum ersten Mal wieder eigene Schritte gemacht habe.

Es geschieht an einem sonnigen Tag in einem Sessellift in den Alpen. Ich bin in Schladming, um über die Ski- und Snowboard-Rennen bei den Special Olympics 2017 zu berichten. Zwischen den Aufnahmen beschließe ich, selbst auf die Piste zu gehen.

Es ist ein Tag wie aus dem Bilderbuch. Während ich die herrliche Aussicht auf dem Weg nach oben bewundere, fällt mein Blick auf die Skier an meinen Füßen und wandert dann hinauf zum wolkenlosen, blauen Himmel und zu den Bergen um mich herum. Mein Herz schlägt höher und ich lächle.

In diesem Moment *weiß* ich es wirklich.

Ich habe überlebt.

Ich bin tatsächlich zurück.

Und: Es ist besser als vorher.

Keine Ahnung, warum mir das ausgerechnet an diesem Tag bewusst wird und vom Kopf ins Herz rutscht, aber ich weiß, dass dieser Moment ein Wendepunkt auf meinem Weg ist. Ich bin nicht nur buchstäblich wieder auf den Beinen und wieder auf der Piste, ich bin auch mit den anderen Facetten meiner Person vollkommen zurück. Und ich habe endlich Frieden in meiner Seele. Es gab so viel Schmerz, den ich verstecken und vor dem ich fliehen wollte. Eine Weile habe ich sogar versucht, vor Gott wegzulaufen. Aber in diesem Moment im Sessellift geht es nur um Gott und mich. Es hat viele Tage gegeben, an denen nur Gott und ich da waren, aber an diesem Tag ist alles in Ordnung. Jetzt, da sich meine ganzen anderen Gefühle beruhigt haben, kann ich endlich glauben, dass ich frei bin.

Ich habe mich von dem Schock und den jahrelangen Folgen meiner Erkrankung erholt. Wie eine Raupe, die gekämpft hat, um sich aus ihrem Kokon zu befreien, bin ich jetzt ein Schmetterling. Zum ersten Mal seit zehn Jahren kann ich tatsächlich fliegen.

Auf geht's, Victoria.

Zeit zu fliegen.

Auch wenn es manchmal ein wenig dauert, bis deine Flügel anfangen, dir zu gehorchen.

16

Das Versprechen

2017

„Wenn ich eine zweite Chance zu leben bekomme, dann verspre-
che ich, dass es ein Leben sein wird, das etwas bewirkt. Ich will
keinen einzigen Moment verschwenden. Und ich werde mehr
tun, als nur zu leben; ich werde meine Stimme dafür einsetzen,
die Welt zu verändern.“

Dieses Versprechen habe ich Gott gegeben.

In einem verzweifelten Flehen in einer der dunkelsten Nächte meines Lebens habe ich zu Gott geschrien und gebetet, dass er
mich befreit. Ich wollte leben und nicht bewegungslos vor mich
hinvegetieren. Und mir war klar, wenn mir Gott mein Leben zu-
rückgibt, werde ich dieses Versprechen, das ich ihm gegeben habe,
halten müssen.

Seit ich den ersten Blickkontakt mit meiner Mutter hatte und
anfing, langsam in die Welt zurückzukehren, habe ich dieses Versprechen keinen Moment vergessen. Im Laufe der Zeit erlebte ich,
wie Gott mein Gebet erhörte. Nach dem Blinzeln folgten Töne; aus
Tönen wurden ein Wort, zwei Wörter und ganze Sätze. Nach und
nach begann ich, wieder in die Welt zurückzukehren. So beängstigend es auch war, es war auch wahnsinnig aufregend. Vier Jahre

lang hatte sich die Welt ohne mich weitergedreht, und jetzt konnte ich wieder am Leben teilnehmen. Endlich.

Andere finden vielleicht, dass meine Rekonvaleszenz sehr schnell ging, und objektiv betrachtet stimmt das ja auch. Aber mir kam es wie eine Ewigkeit vor. Als ich wieder zurück war, habe ich ein Leben auf der Überholspur geführt. Gesund werden, zu Kräften kommen und lernen, selbstständig zu leben – dieses Ziel beherrschte mein ganzes Denken und alle meine Tage. Ich wollte „die verlorene Zeit gutmachen" und alle anderen „einholen". Darauf konzentrierte ich mich mit aller Kraft, doch um darüber das Versprechen zu vernachlässigen, das ich Gott gegeben hatte. Es gab immer wieder Momente, in denen ich an mein Versprechen erinnert wurde. Und ich wusste auch immer, dass ich mich eines Tages meiner Vergangenheit stellen muss.

Es ist Zeit, zurückzugehen.

Schon am Anfang meines Weges war mir klar, dass ich meine Geschichte irgendwann erzählen soll. Seit ich Gott das Versprechen gegeben habe und seit er mir meine Stimme und mein Leben zurückgegeben hat, war ich entschlossen, über das, was ich erlebt habe, zu berichten. Aber das ist viel leichter gesagt als getan.

Wenn ich überlegte, welche Möglichkeiten es gibt, meine Geschichte weiterzugeben, dachte ich als Erstes stets an ein Buch. Aber ich hatte keine Ahnung, wo ich anfangen sollte. In den letzten zehn Jahren ist so irrsinnig viel passiert, und ich habe immer noch Mühe, alles zu begreifen. Außerdem braucht man Selbstvertrauen, um ein Buch zu schreiben. Wir reden hier nicht von einem Aufsatz oder einem kleinen Zeitungsartikel; wir reden von einem *Buch*. Nicht von einem Buch über Sonnenschein und Schmetterlinge. Mir war von Anfang an klar: Ich müsste intime Details über entsetzliche Qualen, die mich fast getötet hätten, preisgeben –

Dinge, die ich eigentlich unbedingt vergessen wollte, und Dinge, die ich in den tiefsten Tiefen meiner Seele vergraben habe und nie jemandem erzählen wollte. Mir graute davor, zu diesen Geschehnissen zurückzukehren.

Du kannst das, Victoria.

Du musst deine Geschichte erzählen.

Durch einen gemeinsamen Freund lernte ich den Schriftsteller Dan Brown kennen. Dieser geniale, erfolgreiche Autor ermutigte mich, meine Geschichte zu erzählen. Er glaubte an mich und an meine Fähigkeit zu schreiben. Und wenn jemand wie Dan Brown einem sagt, dass man schreiben soll, dann macht man das auch. Dan wurde mein Mentor und half mir, mich in der Verlagswelt zurechtzufinden.

Dann ist da Joel Osteen, der mich genauso wie Dan ermutigte, meine Geschichte weiterzugeben. Joel war ein wichtiger Teil meines Weges und hat meiner Mutter und mir geholfen, Gott besser kennenzulernen.

Während ich im „Locked in"-Syndrom gefangen war, hat meine Mutter jeden Sonntag seine Predigten im Fernsehen eingeschaltet. Sie haben uns Mut und Zuversicht gegeben, um weiterkämpfen zu können. Im Sommer 2016 wurde ich eingeladen, in der Lakewood Church mit Joel auf die Bühne zu treten. Und dann noch einmal im Stadion der Detroit Tigers bei *America's Night of Hope* (Nacht der Hoffnung). Danach stellte mich Joel seiner Kollegin Shannon vor. In Shannon, Dan und Joel hatte ich ein starkes Unterstützerteam, das mich ermutigte, meine Geschichte aufzuschreiben.

Mir war auch sehr wichtig, mich beim Schreiben nicht von anderen beeinflussen zu lassen. Offen, ehrlich, ich. Ohne etwas zu verschweigen, ohne etwas zu beschönigen. Gott hat mir meine Stimme und diese Plattform nicht gegeben, damit ich nur die halbe Wahrheit erzähle. Wie sollte ich mit einer beschönigten Version meiner Geschichte Leuten helfen, die so leiden, wie ich früher gelitten habe?

Das einzige Problem war:

Beim zweiten Mal tut es noch mehr weh.

Du hast dieses Buch gelesen und weißt nun, dass ich schreckliche Dinge erlebt habe. Wenn du vorher schon einmal etwas von meiner Geschichte gehört hast, hat dich vielleicht einiges, was du jetzt gelesen hast, überrascht. Ich wollte die schlimmen Einzelheiten eigentlich für mich behalten. Ehrlich gesagt, war es mir sogar im Nachhinein noch unendlich peinlich, dass ich so hilflos war und mich gegen die Misshandlungen und Vernachlässigung nicht wehren konnte.

Ich kam mehrere Jahre damit durch, dass ich meine Story in der Öffentlichkeit schöngeredet habe, aber tief in meinem Inneren war immer eine leise, hartnäckige Stimme, die sagte: „Du musst die *ganze* Wahrheit erzählen." Ich habe versucht, diese Stimme zu ignorieren, und ich dachte:

Nein, nein, das werde ich NIEMALS tun. Auf keinen Fall.

Aber jetzt habe ich es doch endlich gewagt.

Als ich angefangen habe, wurde ich schnell daran erinnert, wie schlimm diese Zeit tatsächlich war. Ich hatte mich so sehr bemüht, meine Gefühle zu betäuben und alles zu vergessen, dass ich den Eindruck hatte zu ertrinken, als ich begann, in die ganzen Details einzutauchen. Für dieses Buch alles noch einmal zu durchleben, hieß, dass ich mich sowohl mit dem Guten, als auch mit dem Schlimmen und Schrecklichen auseinandersetzen musste.

Und das bedeutete: Willkommen an Bord meiner Lebenskrise, Teil 2. Mich plagten Albträume, Panikattacken, Weinkrämpfe, Angstzustände und Depressionen. Ich dachte, ich hätte meine ganzen Gefühle 2014 bereits verarbeitet und hätte um alles, was ich verloren habe, genug getrauert und mich dem, was passiert ist, gestellt. Das war jedoch erst Teil 1 meiner Lebenskrise. Jene Krise verblasste neben dem, was ich durchmachte, als ich zu schreiben anfing. Das Jahr 2014 war wie ein leichter Sommerregen, während sich das Schreiben dieses Buchs wie ein gewaltiger Orkan anfühlte.

Mein Körper war und ist stark und kann die körperlichen Angriffe und die Misshandlung verkraften, aber mein Herz und mein Verstand und meine Gefühle sind eine völlig andere Geschichte.

Während ich schrieb, versuchte ich, mich über Wasser zu halten und meine Arbeit zu tun. Ein Lächeln aufzusetzen, rund um die Welt zu jetten und diesen beneidenswerten Beruf auszuüben, ist nicht immer leicht. An einem der schönsten Höhepunkte meines Lebens war ich gleichzeitig an einem Tiefpunkt. Für die Außenwelt hatte ich alles, war auf der ganzen Welt unterwegs und führte das Leben, von dem viele Menschen nur träumen können. Ein starker Antrieb für meinen Erfolg war jedoch die Angst davor, innerlich in die Zeit meiner Krankheit zurückzukehren. Wie mittlerweile wohl bekannt sein dürfte, bin ich ein sehr getriebener Mensch; das war ich schon immer. Aber nach meiner Krankheit nahm diese Eigenschaft fast schon gefährliche Züge an.

Versteh mich nicht falsch: Ich bin und war von ganzem Herzen dankbar für alles, was ich zurückerobern durfte, aber ich war seelisch vollkommen kaputt. Außer meiner Mutter und meiner Oma wusste das niemand.

Ich fragte mich sogar, warum ich überlebt habe. Das alles noch einmal zu durchleben, war stellenweise unerträglich. Es gab Momente, in denen ich nicht glaubte, dass ich weitermachen kann. Es gab sogar einen Moment, bevor ich bei ESPN anfing, in dem ich mich wie ein Baby zusammengerollt und meine Mutter am Telefon gebeten habe, „mir noch einmal zu sagen, warum ich denn weiterleben muss". Das war definitiv kein Moment, auf den ich stolz bin, aber ich will ehrlich bleiben.

*

Albträume, Panikattacken, Weinkrämpfe, Selbstmordgedanken, unbeschreibliche Schmerzen und eine lähmende Angst waren meine täglichen Begleiter, als ich noch einmal in die dunkelsten, beängstigendsten und schmerzhaftesten Zeiten meines Lebens eingetaucht bin.

Posttraumatische Belastungsstörungen (PTSD) und Angstzustände sind sehr reale und lähmende Krankheiten, die versuchten, auch mich zu Fall zu bringen, obwohl ich glauben wollte, alles wäre in Ordnung. Am Ende des Tages muss ich sagen: Ich war ein Kind. Ein junges, unschuldiges Mädchen, das immer und immer wieder zu Boden geworfen wurde. Eine Krankheit, gegen die man etwas hätte unternehmen können, entwickelte sich zu einem zehn Jahre dauernden Kampf und zu einer lebensverändernden Qual. Was ich erlebt habe und was mir angetan wurde, war schrecklich. Und nur die Menschen, die mir sehr nahestehen, wissen, welche Narben ich von den Misshandlungen davongetragen habe.

Aber ich bin nicht verbittert oder wütend. Diese Gefühle regen sich am wenigsten in mir. Vielmehr litt ich beim Schreiben dieses Buches mit diesem kleinen Mädchen, das nur zum Feldhockey-Camp wollte und verzweifelt um sein Überleben gekämpft hat. Die kleine Victoria wollte einfach nur leben. Sie gierte nicht nach Aufmerksamkeit, sie war nicht verrückt und sie hat ihre Krankheit auch nicht simuliert. Auf der Welt gibt es viele Victorias. Ich schrieb dieses Buch und erzählte die Wahrheit für dieses kleine Kind, dem brutal seine Unschuld geraubt wurde. Für mich. Das kleine Mädchen, das allein gelassen wurde, das im Sterben lag und versuchte, sich von den Menschen, die es liebte, zu verabschieden. Das Mädchen, das sich sagte, dass es „okay ist, loszulassen". Kein Kind sollte das je durchmachen müssen, und schon gar nicht mutterseelenallein. Ich leide immer noch mit dem Mädchen, dessen erste Worte, als es aus dem „Locked in" erwachte, waren: „Sie haben mir wehgetan." Das war das Erste, was ich nach dieser unendlich langen Zeit des Schweigens zu meiner Familie sagte. Daran denke ich jeden Tag, auch wenn es mit der Zeit weniger schmerzt. Ich versuche, es in einem Bild zu erklären: Wenn in einem Film historische Schlachten gezeigt werden, sehen wir meistens Krieger, die mit riesigen Dolchen oder Schwertern ihre Feinde durchbohren. Dolche und Schwerter sind Waffen, die langsam töten. Mit ihnen kann man seinem Feind Zentimeter für Zentimeter unerträgliche Schmerzen zufügen, um ihn zu quälen. Bei jedem Atemzug und jeder Bewegung spürt das Opfer den Schmerz heftiger. Nur wenn er ganz still liegt und aufhört, sich zu bewegen, lässt die Qual nach. Aber Bewegungslosigkeit bedeutet Tod.

Hör nicht auf zu leben!

Manchmal verletzen Dolche allerdings nicht nur körperlich, sondern auch emotional. Diese emotionalen Dolche gehen aber genauso tief.

Ich wurde auf meinem Weg von vielen Dolchen durchbohrt, aber ich habe nach jedem Dolchstoß weitergekämpft. Über zehn Jahre lang. Ohne mir dessen bewusst zu sein, habe ich mich an die Schmerzen gewöhnt und daran, langsam und unaufhörlich durchbohrt zu werden. Ich tat alles, um die Schmerzen zu betäuben und um zu vergessen, dass ich verletzt worden bin. Doch dann wurde der nächste Dolch in mich gerammt. Und ich habe trotzdem weitergemacht.

Irgendwann hatte ich angefangen, die Dolche und die Qualen, die sie auslösten, als Tatsachen zu akzeptieren. Ich stellte mir rostige, alte, scharfe Waffen vor. Mir gefiel überhaupt nicht, dass ich sie inzwischen wie selbstverständlich in meinem Leben akzeptiert hatte. Sie gehörten nicht in meinen Körper, aber ich hatte mich so sehr an sie gewöhnt, dass ich nicht mehr wusste, wie es ohne diese Schmerzen war.

Während ich dieses Buch schrieb, wurden meine Dolche offenbar. Ich durchlebte erneut die Jahre, die von Qualen und Leiden geprägt waren, und fing an zu verstehen, dass ich die Dolche aus meiner Seele herausziehen muss. Stell dir das einfach mal bildlich vor: Wenn ein Dolch – oder zwei oder zehn – aus deiner Brust ragt, ist das sehr qualvoll. Der Dolch ist buchstäblich bei allem im Weg.

Wenn es sich um einen sichtbaren, greifbaren Dolch handelt, ist das leicht zu verstehen. Aber die unsichtbaren Dolche sind mindestens genauso bedrohlich. Man sieht nicht, wie sie sich auf das tägliche Leben auswirken. Während des Schreibens fing ich an, die Schmerzen und das Leiden neu zu durchleben.

Lass die Wunde ausbluten.

Bei jedem Wort, jeder Erinnerung und jedem Teil dieser Reise, die ich zu Papier brachte, wurden diese Dolche langsam herausgezogen. Zum ersten Mal seit über zehn Jahren fingen meine Wunden an zu bluten.

Es gab Momente, in denen der Schmerz bei diesen Erinnerungen unerträglich war. Ich rang keuchend nach Luft und versuchte, mich den beängstigenden Momenten zu stellen, damit die Wunden endlich heilen können. Aber ich begriff, dass das nur dann geschehen kann, wenn ich zulasse, dass sie bluten.

Ich musste ein Versprechen einlösen, und das ist nicht immer einfach. Gott hat mein Gebet erhört und mir mein Leben neu geschenkt – ein viel besseres Leben, als ich es mir je hätte vorstellen können. Trotzdem: Manchmal ist das, was wir tun wollen und tun müssen, nicht leicht. *Vergiss dein Versprechen nicht!*

Nachdem ich dem Tod ins Auge geblickt habe, habe ich auch das Leben mit einem viel dankbareren und entschlosseneren Herzen betrachtet. Alles, was ich bereits mit 23 Jahren erreicht habe, und die Tatsache, dass es mir gelungen ist, in vielen Bereichen weit nach oben zu kommen, war meine persönliche Art zu beweisen, dass ich noch am Leben bin. Die meisten sehen den Sonnenschein, haben aber den Sturm nicht erlebt, der getobt hat, bevor die Sonne herauskam. Dadurch, dass ich jahrelang ans Krankenbett gefesselt war und zusehen musste, wie die Welt ohne mich weiterging, habe ich mir ein unsichtbares Hamsterrad geschaffen, in dem ich pausenlos lief. Auch wenn ich müde war, bin ich weitergelaufen.

Hör nie auf zu laufen.

Jeder von uns hat jeden Tag seine Kämpfe, denen er sich stellen muss. Man kann davor weglaufen und sich verstecken, aber irgendwann wird man eingeholt. Irgendwann muss man sich seiner Vergangenheit stellen und die Gefühle zulassen. Das macht keinen Spaß und kann unbeschreiblich schmerzhaft sein. Aber gleichzeitig kann es sehr befreiend sein. Ich habe gelernt, dass ich die Kontrolle über meinen inneren Frieden zurückbekommen kann, indem ich die Erinnerungen an die qualvollen Momente, die mich nach unten gezogen haben, zulasse. Dazu brauche ich Vertrauen und die Bereitschaft zu kämpfen. Ich habe im Laufe der Jahre viel übers Kämpfen gelernt, aber in dem halben Jahr, in dem ich an diesem Buch geschrieben habe, habe ich mehr verstanden als in den elf Jahren zuvor.

Es ist so, wie ich während dieser ganzen Zeit immer wieder sagte: Ich hätte mir das, was mir passiert ist, nie ausgesucht – aber ich möchte nichts daran ändern. Der Mensch, der ich geworden bin, und die Richtung, die mein Leben genommen hat, und alles, was ich geschafft habe, übersteigen meine kühnsten Erwartungen. Mir wäre es lieber, wenn ich nicht so viel hätte leiden müssen. Aber andererseits können außergewöhnliche Herausforderungen und Schmerzen zu außergewöhnlichen Erfahrungen und zu einem außergewöhnlichen Leben führen.

*

In den ganzen Jahren habe ich gegen eine äußere Kraft gekämpft. Ich will es mit dem Gefühl vergleichen, das man hat, wenn man taucht, der ganze Sauerstoff aus der Lunge entweicht, wenn man anfängt zu sinken. Ich bin Schwimmerin. Das Wasser war immer mein Element. Aber in den letzten zehn Jahren habe ich mit aller Kraft gekämpft, um wieder an die Oberfläche zu gelangen. Jedes Mal, wenn ich kurz davorstand, ist etwas passiert, das mich wieder in die Tiefe gezogen hat: die Erkrankung selbst, das Drama mit dem IPC, Todesängste, die diffuse Angst vor dem Unbekannten oder die Herausforderung, mich meiner Vergangenheit zu stellen und über dem Frieden zu finden, was passiert ist.

Es gab Zeiten, in denen ich versucht war, nicht weiterzuschwimmen. Es schien einfach, der Kraft, die mich in die Tiefe ziehen wollte, nachzugeben.

Das Leben kann manchmal verwirrend, hart und frustrierend sein. Den meisten ist vielleicht gar nicht bewusst, dass sie gegen eine Kraft ankämpfen, die sie in die Tiefe ziehen will. Du musst dich jedes Mal entscheiden: Will ich versinken oder schwimmen? Die Wellen überrollen dich und rauben dir manchmal die Luft zum Atmen. In anderen Momenten ist das Wasser ruhig und friedlich und du kannst dich in aller Ruhe treiben lassen und nur staunen.

Schwimme einfach weiter.

Auch wenn es wehtut.

Auch wenn du nicht mehr kannst.

Schwimme weiter.

Schwimmen ist ein Sport, bei dem man sich ständig bewegt. Ob bei den Olympischen Spielen oder im See oder – im übertragenen Sinne – ob man schwimmt, um zu überleben. Es läuft immer auf das Gleiche hinaus: Wir müssen ständig in Bewegung bleiben. In dem Moment, in dem man aufhört, sich zu bewegen, versinkt man. Man verliert, ertrinkt oder wird abgetrieben. Das Leben ist, wenigstens nach meiner Erfahrung, wie ein ständiges Schwimmen. Manchmal ist das Wasser ruhig und friedlich und idyllisch, und manchmal ist es stürmisch und ungewiss und gefährlich. Aber wenn wir aufhören, uns zu bewegen, kommen wir nicht vom Fleck. Im Leben geht es eigentlich immer darum, von der Stelle zu kommen und nie zuzulassen, dass es stagniert oder austrocknet. Die nächste Bahn schwimmen, auch wenn wir manchmal nicht wissen, wohin der Weg führt. Das ist okay. Wir schwimmen immer einen Zug nach dem anderen. Moment für Moment, Tag für Tag. Manchmal fällt uns das Schwimmen unheimlich schwer und auch das ist in Ordnung.

Du kommst an.

Versprochen.

Selbst wenn wir das Gefühl haben, nie an die Oberfläche zu gelangen, sollten wir weiterschwimmen. Wenn das Wasser zu tief erscheint, dürfen wir nie das Licht über der Wasseroberfläche aus den Augen verlieren. Dieses Licht ist hell, und es scheint für uns, egal, wie weit wir abgesunken sind oder wie müde wir sind.

Hol dir dieses Licht zurück.

Komm an die Oberfläche.

Ich habe immer wieder gelernt: Wenn man am liebsten aufhören und aufgeben würde, ist *das* der Moment, in dem man all seine Kraft bündeln muss, um weiterzumachen.

Vielleicht kannst du mit dem Bild vom Schwimmen im rauen Gewässer nicht so viel anfangen, weil das Wasser nicht dein Element ist. Dann denke an eine kräftezehrende Bergwanderung. Du glaubst, du hast den Gipfel fast erreicht, aber wenn du um die nächste Ecke kommst, siehst du, dass sich dahinter weitere Steilhänge befinden.

Was machst du?

Gibst du auf?

Gibst du nach?

Oder kletterst du?

Es ist beängstigend zu klettern. Du bist müde und schwach. Dein Akku ist leer und du hast das Gefühl, nicht mehr kämpfen zu können. Aber das ist der Moment, in dem du die Kraft findest zu klettern. Berge können einschüchternd und beängstigend und manchmal unbezwingbar erscheinen. Dann solltest du an die Aussicht denken, die du vom Gipfel aus haben wirst.

Nach den schwersten Aufstiegen hat man oft die schönste Aussicht.

Dieser Berg, den ich seit über zehn Jahre besteige, schien manchmal kein Ende zu nehmen. Ich hatte häufig das Gefühl, nie den Gipfel zu erreichen. Aber ich habe Gott versprochen, mutig zu leben und meine Stimme einzusetzen, um die Welt zu verändern.

Genau das war mein Plan. Wenn man einen Berg besteigt, gibt es Momente, in denen der Aufstieg unmöglich erscheint und das Klettern herausfordernd und schmerzhaft ist. Aber wenn wir trotz der Hindernisse weiterklettern, WERDEN wir oben ankommen. Und dann ist uns auf dem Gipfel vielleicht sogar ein Siegestanz vergönnt.

17

Siegestanz

18. September 2017

„Den Cha-Cha-Cha tanzen Victoria Arlen und ihr Tanzpartner, Val Chmerkovskiy."

Das bin ich.

Gütiger Himmel!

Es ist so weit. Ich stehe in einer glitzernden, pinkfarbenen Fransenhose und in einem zauberhaften Top als einer der Promis auf der Tanzfläche von *Dancing with the Stars*. Das ist genau *die* Tanzfläche, von der ich als kleines Mädchen immer geträumt habe. Diesen Traum hatte ich sogar noch in meinen dunkelsten Momenten, als ich die Tanzshow von meinem Bett auf der Intensivstation oder vom Krankenbett zu Hause im Wohnzimmer aus verfolgt habe. Jetzt bin ich hier! Ich bin auf dem Spielfeld und stehe nicht mehr an der Seitenlinie. Und ich habe den besten Tanzpartner, den man sich nur wünschen könnte: Valentin Chmerkovskiy.

Vor jedem Tanz wird bei dieser Sendung für das Publikum zu Hause und im Saal ein Film eingespielt. Der Einspieler in der ersten Woche stellt jeden Promi vor, erzählt seine Geschichte und wie er zu *Dancing with the Stars* gekommen ist. Wie nicht anders zu erwarten, rührt mein Film das Publikum zu Tränen. Ich habe öffentlich nie viel von dem erzählt, was in dem Einspieler zu sehen ist – besonders das aufrüttelnde Filmmaterial, das zeigt, wie ich um mein Leben kämpfe, kannte zuvor kaum jemand. Ich würde sagen, dass ich gegen alles, was ich durchgemacht habe, inzwischen ziemlich immun bin. Besonders nach dem Jahr, in dem meine Gefühle heilen konnten. Doch in diesem Moment ist es anders.

In diesem Einspieler sehe ich das kleine Mädchen, das in einem Krankenbett um sein Leben kämpft. Das ist herzzerreißend. Zum ersten Mal berührt mich dieser Schmerz so stark, dass ich am liebsten die kleine Victoria in die Arme nehmen und ihr sagen würde, dass sie nicht aufgeben, sondern weiterkämpfen soll. Und dass alles gut werden wird. Von einer Sekunde auf die andere werde ich an diesen qualvollen Ort zurückversetzt und bin fast wie gelähmt. Ich fühle, wie sich meine Brust zusammenzieht, wie meine Hände zittern und mir Tränen in die Augen schießen.

Wie konnte das sein?

Wie bin ich hierhergekommen?

Ich war noch vor anderthalb Jahren im Rollstuhl. Und jetzt werde ich gleich vor einem Millionenpublikum tanzen.

Ich kann nicht einmal meine Beine fühlen.

Ich weiß nicht einmal, welchen Fuß ich benutze.

Das ist eigentlich unmöglich.

Passiert das hier gerade wirklich?

Für den Bruchteil einer Sekunde fühle ich mich von diesen Gedanken und Gefühlen, die mich wie ein Tsunami überrollen, eingesperrt und gefangen. Aber dann höre ich eine Stimme, die zu mir sagt: „Victoria, Victoria, sieh mich an!" Ich hebe den Blick und schaue Val an, der mich breit anlächelt. „Das ist *dein* Moment." Ich kehre in die schöne und wunderbare Gegenwart zurück. Ich lebe. Ich stehe auf meinen beiden Füßen und werde gleich den Cha-Cha-Cha tanzen und der Welt zeigen, dass nichts unmöglich ist.

Ich wusste vom ersten Trainingstag an, dass es hier um eine viel größere Sache geht.

Klick.

Klick.

Klick.

Klick.

Die vier Klicks, der hörbare Auftakt vor jedem Tanz. Ich kann nur nach oben blicken und Gott danken. Mein Herz fließt vor Dankbarkeit über. Als die Musik einsetzt, wandert mein Blick zur Kamera und dann zu meinem Tanzpartner Val, der auf mich zukommt und meine Hand ergreift. „Lass uns die Welt verändern!" Für einen kurzen Moment – eine Minute und elf Sekunden, um genau zu sein – tun wir genau das. Während wir tanzen, beweisen wir Millionen Menschen, dass man trotz unüberwindlicher Hindernisse und unzähliger Herausforderungen triumphieren kann.

Das ist mit Abstand einer der eindrücklichsten und denkwürdigsten Momente meines Lebens. Ich habe viel mehr erreicht, als ich mir je hätte erträumen können. Mir wird bewusst, dass ich nicht mehr dieses kleine Mädchen im Krankenbett bin. Ich lebe. Ich bin frei. Ich trage eine glitzernde, rosa Hose und TANZE bei *Dancing with the Stars.* Mit zehn Jahren habe ich meiner Mutter stolz verkündet, dass ich eines Tages in dieser Tanzshow auftreten werde. Als ich krank war, haben meine Eltern diese Sendung eingeschaltet, weil sie hofften, dass ich mit meinen Träumen und meinen Sehnsüchten immer noch „da drinnen" in diesem leblosen Körper war. Diese Show war tatsächlich oft meine Flucht vor den vielen grauenhaften, schmerzlichen Momenten, die ich erlebte.

In diesem Augenblick schließt sich der Kreis. Als die Musik endet und das Bühnen-Feuerwerk hinter uns funkelt, kann ich nicht aufhören zu lächeln. Zum ersten Mal seit langer Zeit bin ich sprachlos. „Du hast es geschafft. Ich bin so stolz auf dich! Heute Abend hast du die Welt verändert", flüstert Val, während wir uns mit Tränen in den Augen umarmen. Ich bin wirklich sprachlos. Dieser Moment ist unbeschreiblich. Es ist so viel mehr als nur ein Tanz. Ich bin so grenzenlos dankbar für die zweite Chance, die mir geschenkt wurde. Als ich meine Eltern im Publikum sehe, die Freudentränen in den Augen haben, kann ich nur eines denken:

Ich bin so froh, dass ich lebe.

Während das Publikum begeistert klatscht und der Moderator Tom Bergeron mit einem breiten Lächeln auf uns zukommt und stolz sagt: „Sieh nur, was du gerade geschafft hast!", wird mir noch etwas anderes bewusst:

Ich habe den Berg bezwungen und das ist mein Siegestanz.

Die ganzen Jahre, die von Schmerzen, Qualen und Kämpfen bestimmt waren, werden von Freude, Dankbarkeit und Tanzen abgelöst. Wer mich kennt, weiß, dass ich Tanzen liebe. In diesem Moment sehe ich mit eigenen Augen, wozu ich das alles durchmachen musste.

Die Schmerzen waren nicht sinnlos.

Dancing with the Stars ist neben dem ganzen Glitzer und Glamour eine sehr heilsame Erfahrung für mich. Mir war nicht einmal bewusst, dass ich diese Heilung brauchte.

Bevor ich zu *Dancing with the Stars* aufbrach, litt ich unter starken posttraumatischen Belastungsstörungen. Es dauerte zehn Jahre, bis alles ans Licht kam und verarbeitet wurde. Nur eine Handvoll Menschen, die mir sehr nahestehen, wussten, was ich durchmachte. Sie wussten, welche unerträglichen Schmerzen ich ausstand. Der Rest der Welt hatte davon keine Ahnung. Ich habe mein Kampfgesicht aufgesetzt und mich hinter meinem Lächeln versteckt. Ich hatte immer noch Mühe, in allem, was ich durchgemacht hatte, einen Sinn zu sehen. Das änderte sich bei diesem ersten Tanz am 18. September 2017.

Auf meinem ganzen Weg hat mich Gott immer wieder mit Menschen zusammengeführt, die mir zu meiner Heilung verhalfen. Wie bei einem Puzzle stellte jede Person ein Teil dar, das sich endlich zu einem großen Bild zusammengefügt hat. Jeder Einzelne hat mir geholfen, wieder gesund zu werden. Am Anfang war nur Chaos.

Ich bin ein Puzzle.

Und ich war ein Chaos.

Als ich bei *Dancing with the Stars* mitmache, sind die meisten Puzzleteile bereits eingebaut. Aber ein paar Teile fehlen immer noch.

Jeder Tanz, den ich mit meinem Tanzpartner einstudiere, hat eine Botschaft und erzählt eine Geschichte. Bei jedem Tanz lehrt mich Val, den Kopf hochzuhalten und zu fliegen. Er fordert mich ähnlich stark heraus, wie mich mein Trainer John im Schwimmbecken gefordert hat oder wie John Nummer 2 bei *Project Walk*. Val beachtet nicht, was ich nicht kann, sondern fördert mich bei dem, was ich kann.

Unvorstellbar!

Obwohl ich meine Beine nach wie vor nicht fühlen kann, lehrt mich Val TANZEN. Ich hätte mir in einer Million Jahren nicht vorstellen können, dass ich je wieder tanzen würde. Tanzen gehörte zu den Dingen, die ich am meisten vermisste, als ich so krank war. Ich habe mir stundenlang ausgemalt, wie es wäre, wieder tanzen zu können. Und jetzt bin ich hier und tue es! Val und ich haben ein System gefunden, wie eine Verbindung von meinem Kopf zu meinen Beinen möglich ist. Wir benutzen dafür oft Schlüsselworte. Während das Publikum entzückt vor dem Fernseher sitzt und die schöne Musik hört, rufen Val und ich Worte wie: „Hase,

Krabbe, links, Hund, rechts, dein Lieblingsschritt, Zickzack, Spitze, abheben, gleiten, schnell, schnell, langsam und ab", um nur einige Beispiele zu nennen. Ich verbessere mich Woche für Woche und werde von Val unterstützt. Die Tanzstunden als *intensiv* zu bezeichnen, wäre eine starke Untertreibung: Ich verbringe fünf Stunden und mehr am Tag im Studio und dann folgen unzählige Stunden nach den Proben, in denen ich mir alles Gelernte vergegenwärtige und alles dafür tue, dass mich meine Beine weiterhin tragen. Die Spasmen sind immer noch ziemlich offensichtlich, aber ob du es glaubst oder nicht, wenn ich anfange zu tanzen, lassen meine Krämpfe nach, die Nervenschmerzen in meinem Rücken werden schwächer und ich kann sogar besser gehen. Das Tanzen ist nach diesem langen, schmerzhaften Weg der letzte Schritt zu meiner Heilung. Es erlaubt mir, in jeder Hinsicht frei zu sein und tatsächlich zu sehen, wozu mein Körper fähig ist. Tanzen zu lernen ist zehnmal schwerer, als gehen zu lernen.

Im Ernst.

Jeden Tag und jedes Mal, wenn ich auf die Tanzfläche trete, werde ich daran erinnert, wozu mein Körper fähig ist, und ich sehe einen größeren Sinn in den Schmerzen, die ich ertragen habe. Wir verändern Menschenleben. Mit jedem Schritt. Jedes Mal, wenn wir tanzen, wird ein kleines Puzzleteil in das Gesamtbild eingebaut und meine Augen strahlen ein wenig heller. Das sieht meine Familie, das sehe ich und das sieht die Welt. Ich werde ständig daran erinnert, dass nichts unmöglich ist. *Ich* bin möglich. Allein die Tatsache, dass ich tanze, ist ein Wunder für sich. Aber ich lerne durch das Tanzen noch etwas anderes: den Kopf hochzuhalten. Das konnte ich über zehn Jahre lang nicht.

Abgesehen davon, dass er mich jede Woche tanzen lehrt, bringt mich Val dazu, groß und selbstsicher und stolz auf meinen Beinen zu stehen. Das habe ich nie wirklich gekonnt. Jahrelang musste ich Tiefschläge einstecken und hatte mir deshalb angewöhnt, den Kopf zu senken. In einem Rollstuhl zu sitzen, angestarrt zu werden und jahrelang von Gleichaltrigen von oben herab behandelt zu werden, hatte dazu geführt, dass ich mich in meinen Kokon zurückgezogen hatte. Man hat mich ganz oft darauf hingewiesen – auch als ich anfing zu gehen –, dass ich den Kopf immer noch gesenkt halte. Das hatte verschiedene Gründe. Hauptsächlich natürlich aus Angst zu stürzen. Außerdem wollte ich sehen, welcher Fuß den nächsten Schritt macht. Da ich meine Beine nicht fühlen kann, war das Gehen anfangs ein hoch komplizierter Vorgang. Deshalb hatte ich mir einfach angewöhnt, den Kopf hängen zu lassen. Mir war es nicht wirklich bewusst, aber die letzten Jahre hatten ihren Tribut gefordert und bewirkt, dass mein Herz und auch mein Kopf schwer geworden waren. Abgesehen von den Erfolgen und allem, womit ich gesegnet wurde, gab es einfach noch so vieles, was ich mit mir herumschleppte. Und wie bei allen Gewohnheiten, den guten und den schlechten, finden wir uns mit der Zeit damit ab. Ich hatte mir jedenfalls angewöhnt, den Kopf gesenkt zu lassen. Aber ich sollte nicht in diesem Kokon bleiben. Gott hatte definitiv einen anderen Plan für mich.

Ich sollte fliegen.
Dancing with the Stars ist meine Flugstunde.

*

Kopf hoch.
Jetzt ist dein Moment zu glänzen.

*

251

Die Menschen, denen ich begegne, und die Freunde, die ich in der Show kennenlerne, sind das Sahnehäubchen einer unbeschreiblichen Erfahrung. Sie spielen seither eine wichtige Rolle in meinem Leben und haben mir geholfen, den Kopf weiterhin oben zu halten und zu glänzen. Neben vielen anderen erstaunlichen Dingen ist noch etwas in mir geheilt: Seit ich in die Welt zurückgekehrt bin, hat mir vor meinen Geburtstagen immer gegraut. An meinem 15. Geburtstag, 2009, habe ich wirklich nicht damit gerechnet, dass ich meinen nächsten Geburtstag überhaupt noch erleben würde. Auch wenn mir Pater Bashobora damals Hoffnung vermittelt hat, habe ich in meinem Herzen gedacht, mein Leben wäre vorbei. Ich habe mich von meiner Familie verabschiedet und ich klammerte mich daran, einen letzten gemeinsamen Geburtstag mit meinen Brüdern zu feiern. Seit damals war mir bei meinen Geburtstagen immer schwer ums Herz. Das war so bis zu meinem 23. Geburtstag. Diesen Geburtstag habe ich nicht nur mit meinen fantastischen Freunden von *Dancing with the Stars* gefeiert, die mich mit einer Torte und einem Diadem überraschten. Ich konnte ihn auch mit Millionen Zuschauern feiern. Das hat meine Einstellung zu Geburtstagen für immer verändert. Dieses unvergessliche Erlebnis lässt die Erinnerung an alle anderen Geburtstage in der Vergangenheit wie den Zuckerguss von einem Kuchen abbröckeln. (Dabei liebe ich Zuckerguss!) Endlich schaue ich nicht mehr von der Seitenlinie aus zu. Ich bin im Spiel und ich spiele in einer genialen Mannschaft.

Du hast es geschafft.

Wir haben es geschafft.

Ich habe den Berg bezwungen. Die Aussicht ist tatsächlich so fantastisch, wie ich sie mir erträumt habe. Sie ist sogar noch viel besser, als ich geahnt habe. Es gilt tatsächlich: Nach den schwersten Aufstiegen hat man oft die schönste Aussicht.

Wenn wir uns unseren Ängsten *stellen,* können wir unsere Ängste *annehmen.* Das wiederum ermöglicht uns, uns unseren Ängsten zu *widersetzen* und sie so zu überwinden.

Face it, embrace it, defy it, conquer it.™

Stelle dich deiner Angst, nimm sie an, biete ihr die Stirn und überwinde sie.

Das ist mein Motto.

Lass die Angst zu, nimm den Schmerz an, aber finde Mut und kämpfe weiter. Es wird besser werden. Versprochen. Klettere weiter, auch wenn es wehtut. Ich verspreche dir: Die Aussicht lohnt sich, und der Siegestanz ist gigantisch.

Das Beste kommt noch.

Das ist erst der Anfang.

Besonderer Dank

Welchen Begleitern auf meinem tragischen, schönen Weg möchte ich besonders danken? Ich erinnere mich an den Moment, als ich begriffen habe, dass ich nicht jedes Detail dieses Weges niederschreiben kann. Genauso wenig kann ich jeden wunderbaren „Engel" auf meinem Weg nennen. Wenn ich das versucht hätte, wäre mein Buch bestimmt über 1000 Seiten dick geworden. Die vielen „Engel", denen ich in den letzten 12 Jahren begegnet bin, waren unbezahlbar. Ihr wisst selbst, wer gemeint ist. Und ihr sollt wissen, dass ihr einen ganz besonderen Platz in meinem Herzen habt. Danke, danke, danke! Ihr alle seid der Wind unter meinen Flügeln. Dafür danke ich euch von ganzem Herzen. Ich liebe euch alle. Danke, dass ihr mir Flügel gegeben habt, damit ich fliegen kann.

Der Verlag weist ausdrücklich darauf hin, dass im Text enthaltene externe Links vom Verlag nur bis zum Zeitpunkt der Buchveröffentlichung eingesehen werden konnten. Auf spätere Veränderungen hat der Verlag keinerlei Einfluss. Eine Haftung des Verlags für externe Links ist stets ausgeschlossen.

© 2021 Gerth Medien
in der SCM Verlagsgruppe GmbH,
Dillerberg 1, 35614 Aßlar

1. Auflage 2021
Bestell-Nr. 817710
ISBN 978-3-95734-710-7

Umschlaggestaltung: Mareike Schaaf
Satz: Apel Verlagsservice, Celle
Druck und Verarbeitung: GGP Media GmbH, Pößneck
Printed in Germany

www.gerth.de